Presentació	3
Fòrum d'Advocacia de la Generalitat Carles Serrano	5

a propòsit de ...

Estelades: justícia de part Alexander Peñalver, Marc Marsal, Josep Pagès	8
Recordant la presumpció d'innocència Yolanda Hernández	10
Veritats i mentides al voltant dels habitatges d'ús turístic Xavier Silvestre	11

comentaris

La doctrina del TSJC sobre l'interès del competidor en la impugnació d'actes administratius, en particular en els procediments de revisió d'ofici Anna Maria Burgúes	13
L'ampliació jurisprudencial del concepte de comptedant Montse Polidura	17

dret animal

Estatus jurídic del llop (Canis lupus) a Catalunya Lluís-Xavier Toldrà	21

transparència i bon govern

Les agències antifrau Joan A. Llinares	24

noves tecnologies

Newbies en Blockchain Aranzazu Colom	26

drets humans

Article 1 de la Declaració Universal dels Drets Humans Elisabet Fernández	31

Presentació

Teniu a la vostra disposició el primer número de la revista **Directum** que edita *Fòrum d'Advocacia de la Generalitat*, associació professional de caràcter sindical que ha acabat de néixer. Amb aquesta revista volem proporcionar textos i material divers vinculats al món del Dret que siguin d'utilitat tant per als juristes professionals com també per a aquells que, no sent-ho, puguin tenir algun interès en les matèries que s'hi tractaran. El nostre desig és posar a l'abast del públic informació, el més immediata possible, sobre qüestions d'interès general i amb un contingut administratiu i/o social que admetin un tractament jurídic, tal i com es reflecteix en aquest primer exemplar. Drets humans, dret animal, dret local, tecnologies innovadores, anàlisis jurisprudencial... són alguns dels exemples de les matèries que estructuren la revista.

Fòrum d'Advocacia de la Generalitat vol aprofitar el moment que vivim, en què les xarxes socials permeten un nivell de comunicació i d'informació immediata, de rapidíssima circulació, d'una manera impensable fins fa ben poc. També en aquest àmbit, la implementació de la transparència passa a tenir un caràcter fonamental per a la vida administrativa, política i social que ens envolta, volent-ne ser **Directum** un reflex.

En el context actual es qüestiona de manera creixent la solvència i la veracitat de la informació i de la seva circulació, però alhora no es pot obviar que aquest fenomen està contribuint en bona mesura a desapoderar els governs de sempre, i els partits polítics i mitjans de comunicació tradicionals, que figuraven com a únics detenidors de la informació i del poder i, per tant, també com a únics manipuladors d'aquella, dificultant la participació, la intervenció i l'activitat de control per part de més àmplies capes de la població.

Les xarxes socials estan empoderant el ciutadà, d'aquí la importància d'aprofitar aquest fet no solament per rebre informació diversa i actualment dispersa, sinó també perquè aquesta sigui de qualitat i perquè es formi i es cultivi de la manera adient, per poder desenvolupar l'esperit crític, la capacitat d'elecció, la tolerància i el respecte envers posicionaments diferenciats, i interioritzant el veritable sentir democràtic. Una ciutadania conscient i ben informada pot configurar una administració solvent i èticament irreprotxable.

La revista està oberta a la publicació d'articles jurídics sobre matèries diverses d'interès per a la funció pública de l'Administració de la Generalitat, sobretot quan tenen incidència especial sobre el conjunt de professionals afiliats a *Fòrum d'Advocacia de la Generalitat*, que vulguin publicar els membres del Cos d'Advocacia i altres juristes, tant de l'Administració de la Generalitat de Catalunya com d'altres administracions, i professionals de tots els àmbits. Aquest primer exemplar n'és un bon exemple ja que hi participen juristes del món local, de l'àmbit universitari i també membres del cos d'advocacia.

Desitgem amb aquest oferiment contribuir a trencar la dinàmica tradicional de l'Administració Pública que no facilita la publicació per part dels servidors públics. **Directum** vol ocupar aquest espai i ofereix una plataforma d'intercanvi de coneixements i d'anàlisi. En els temps que corren és segur que hi ha molts treballadors públics que tenen molt a dir i molt d'interessant i creiem que una publicació àgil i ràpida de les col·laboracions incideix en benefici de tothom. És amb aquesta idea que *Fòrum d'Advocacia de la Generalitat* endega aquest projecte.

Esperem que **Directum** esdevingui un gran estímul de creativitat per a molts professionals que viuen el dia a dia del dret i de l'Administració amb la convicció assumida i fortament sentida de prestar el millor servei possible.

Directum no vol ser una referència de professionals només *ad extra* sinó que el fet de participar en la revista i treure el cap de la quotidianitat jurídica permet als autors la investigació i l'estudi i aprofundir en el pensament crític. *Fòrum d'Advocacia de la Generalitat* considera que és important la creació de **Directum** com a eina per ampliar la dimensió auto-formativa que sempre redunda en una millora personal i professional.

Equip de redacció

Fòrum d'Advocacia de la Generalitat

La nostra associació professional pretén relacionar-se amb d'altres subjectes, públics o privats, per tal d'aconseguir els objectius que motiven la seva existència i que estan vinculats principalment amb el col·lectiu de juristes professionals de l'Administració de la Generalitat als quals es dirigeix, tant pel que fa a la caracterització i el contingut del seu estatus professional i de treball com quant a tot allò relatiu al seu exercici professional no solament a l'Administració Pública sinó també sobre la col·lectivitat en general. Així, cobra un interès especial el conjunt de valors i de principis que *Fòrum d'Advocacia de la Generalitat* adopta com a inspiradors de la seva acció sindical, administrativa i social, i que consten als seus estatuts, que són la justícia, el compromís democràtic, l'excel·lència professional, la transparència i l'exemplaritat. En aquests termes, les persones que en són afiliades i molt particularment les que integren els seus òrgans de govern i de direcció han d'actuar de manera coherent amb els valors esmentats i els principis que se'n deriven.

El valor de justícia s'articula en base al respecte als drets humans, civils i socials, i als principis d'igualtat, independència, imparcialitat i confidencialitat. El valor del compromís democràtic comporta actuar al servei del Poble de Catalunya i amb lleialtat envers les institucions de la Generalitat, sense perjudici de la discrepància sana i convenient, tot cercant una actuació institucional, i molt especialment de la seva Administració Pública, que respongui veritablement a l'interès general i no a la utilització instrumental d'institucions, administracions i servidors públics en benefici d'interessos espuris, circumstancials i conjunturals d'aquelles persones que en comptes de "servir" el que fan és "servir-se'n". Aquesta vocació de "servei", en el sentit més genuí de la paraula, ha d'impregnar les activitats de *Fòrum d'Advocacia de la Generalitat* en els diversos àmbits en què pot actuar. Aquesta entitat emprèn així el seu camí amb una intenció decidida perquè la conducta ètica presideixi totes les seves activitats.

Tot això implica estimular i implementar la responsabilitat proactiva dels membres de *Fòrum d'Advocacia de la Generalitat*, tot sent conscients de les obligacions morals que deriven de ser servidors públics i, a més, juristes professionals de l'Administració Pública de la Generalitat.

En aquest sentit, sense perjudici de la convicció i de la fortalesa que ha de presidir l'actuació de *Fòrum d'Advocacia de la Generalitat,* cobren un especial relleu la prudència, la reflexió prèvia i la temperància en la defensa i la negociació de les condicions de treball, l'estatus professional i la situació personal dels seus afiliats. Té una importància especial avançar-se al problema abans que aquest es manifesti, la qual cosa ha de ser una guia determinant en l'actuació de l'entitat, en sintonia amb la millor tradició en la resolució de conflictes preventivament tot evitant la tasca del cirurgià que intervé quan no hi més remei que tallar.

En base a aquest "principi de precaució" *Fòrum d'Advocacia de la Generalitat* vol col·laborar des d'un començament amb l'Administració de la Generalitat tot cercant -mitjançant les seves reivindicacions, el pacte i la mediació-, les condicions de prestació d'una feina de la millor qualitat, quelcom que ha de repercutir positivament sobre el conjunt de la societat i sobre l'Administració Públic. Aquesta també és casa nostra i volem contribuir a què la tasca dels juristes públics que en són afiliats sigui altament qualificada professionalment i èticament, i al servei de Catalunya.

Per tant, *Fòrum d'Advocacia de la Generalitat* té la intenció d'actuar en la línia positiva i constructiva assenyalada, en relació amb la qual té un interès especial que es comenci a implementar, d'una vegada, una carrera professional que en el cas del Cos d'Advocacia de la Generalitat ha de servir per consolidar de manera més efectiva i útil la vocació de servei que els membres d'aquest col·lectiu viuen i senten com a pròpia i de manera indubtable.

Aquesta carrera professional ha de ser programada i estructurada d'una forma adient en base a la corresponent regulació de detall, ja què la implementació d'una carrera professional com cal és quelcom complex, certament. Això no obstant, ja hi ha exemples reals molt interessants, com és el cas de la Comunitat Valenciana, tant en relació amb la seva pròpia Administració Pública com en relació amb l'Ajuntament de València.

No pot ser que una Administració com la de la Generalitat de Catalunya, que es prea de ser moderna i de voler ser una veritable Administració del segle XXI, no hagi afrontat encara aquest tema com pertoca.

La societat catalana no es pot permetre prescindir d'uns servidors públics d'alt nivell, les accions dels quals contribueixen en el dia a dia, i enormement, al bon funcionament dels serveis adreçats a la ciutadania, al manteniment de la pau social i a l'atenció de les necessitats més elementals de tota la col·lectivitat. Al respecte, cal no oblidar que la forta crisi econòmica iniciada els anys 2007-2008 ha estat aprofitada durament i amb insistència des de determinats sectors per fer una critica ferotge contra les Administracions Públiques en general -però molt especialment contra les Administracions autonòmiques i locals-, i també contra els servidors públics, acusats de ser més una càrrega que un benefici.

Davant d'això, la carrera professional es vincula a la prestació d'un servei de més qualitat als ciutadans, en un marc legal determinat i obligat per les previsions de l'article 103 de la Constitució, als efectes d'assegurar l'obligació de servir amb objectivitat els interessos generals i no esdevenir, per tant, un instrument al servei d'alguns, els de sempre, els quals posen el seu profit personal, materialista i individualista per davant del bé comú, això si, sense oblidar-se de treure tot el profit possible precisament d'aquell sistema administratiu i públic que menyspreen.

Els integrants de *Fòrum d'Advocacia de la Generalitat* som juristes professionals que exercim a l'Administració Pública, al servei de la ciutadania. Però som també ciutadans, no solament servidors públics, quelcom que moltes vegades s'oblida, i com a ciutadans tenim el nostre pes a la societat en què vivim. I, alhora, en la nostra tasca restem subjectes a unes regles d'actuació i de comportament que obliguen a una prestació de serveis neutral, sense cap discriminació per cap motiu envers els seus destinataris, i a servir també de manera objectiva les autoritats que el resultat de les eleccions polítiques posen periòdicament al nostre capdavant. Tot això conforma una responsabilitat especial envers la nostra Administració Pública i la societat en què vivim i a la qual servim, i els nostres actes s'han de trobar en aquesta línia, i *Fòrum d'Advocacia de la Generalitat* vol aportar-ne la seva contribució en aquest sentit.

Volem ser crítics però constructius. No pretenem fer bandera d'una actitud mel·líflua que moltes vegades amaga la injustícia, fent-la normal, habitual i acceptada amb tota la naturalitat del món i disfressant tal cosa d'una pretesa sensatesa. En conseqüència, volem dir les coses pel seu nom, sobretot quan es tracti dels més desafavorits, de les persones grans i d'aquelles amb dificultats, dels nens i de les dones maltractades, dels animals, que són persones no humanes amb els seus drets oblidats i respecte del patiment dels quals preferim girar l'esquena, i de totes les persones que són humiliades, ofeses, o sense possibilitats d'un futur digne.

Volem que l'obertura, la circulació de la informació, la transparència, l'amplitud de mires, la col·laboració, la cooperació i l'ajuda mútues, la cohesió social, la consciència com a col·lectivitat, i molt especialment la justícia, siguin la nostra guia, en un moment de canvi de paradigma que ha de tenir com a centre el bé comú, el qual ha de ser un protagonista principal a l'interès general al que l'Administració Pública es troba subjecta. En la nostra revista **Directum** ens volem fer ressò de la realitat que ens envolta i del nostre paper.

Carles Serrano
President de Fòrum d'Advocacia de la Generalitat

a propòsit de ...

Estelades: justícia de part

El mes de juliol es féu pública la sentència de la Sala del Contenciós del Tribunal Superior de Justícia de Catalunya en la qual, donant la raó a Societat Civil Catalana, s'obligava a l'Ajuntament de Sant Cugat a retirar una estelada d'una plaça d'aquest municipi. Entenem que estem davant d'una nova mostra de creativitat judicial de part que incorre en arbitrarietat i vulneració de drets fonamentals.

El primer que cal destacar és que la sentència no fonamenta la seva decisió en cap precepte legal. La Llei de la memòria històrica prohibeix posar banderes franquistes en l'espai públic atès que es tracta d'un símbol que exalta una sublevació militar, però no hi ha cap norma que prohibeixi a un ajuntament posar-hi estelades, un "símbol que representa un anhel i una reivindicació democràtica, legítima, legal i no violenta" segons la Resolució 497/X del Parlament de Catalunya, de 29 de gener de 2014, aprovada per la comissió d'afers Institucionals amb el suport d'ERC, PSC i CiU en referència al seu ús en esdeveniments esportius.

Però que no hi hagi cap norma que prohibeixi les estelades a l'espai públic no ha estat un impediment per a prohibir-les: la Sala ha resolt aquest inconvenient estenent de forma abusiva la doctrina de la "neutralitat institucional" (Sentència del Tribunal Suprem de 28 d'abril de 2016, que confirma la decisió de la Junta Electoral Central de retirar les estelades dels "edificis públics" en "períodes electorals"). Però a totes llums, considerem que són supòsits diferents: l'estelada de Sant Cugat no està penjada al balcó d'un edifici públic, sinó en una plaça i, d'altra banda, no estem en període electoral. Aquesta capacitat de la Sala de retorçar el dret és molt perillosa. Si continua en la mateixa línia, pot acabar considerant "espai públic" les façanes i els balcons de les cases particulars.

Segons la sentència, que un ajuntament posi una estelada en una plaça o carrer atempta contra l'objectivitat i la neutralitat de l'Administració, i per tant, a l'espai públic les actuacions administratives favorables a una opció ideològica, per àmplia que sigui, estarien prohibides. Fins i tot, la Sala arriba a dir que s'ha produït "la privatización del espacio público, de uso común, mediante su ocupación permanente por un elemento que representa una opción partidista".

Al respecte, considerem, en primer lloc, que és dubtós que estiguem davant d'un acte de naturalesa pròpiament administrativa i no davant d'un acte de naturalesa política no enjudiciable i emparat pels drets fonamentals de participació i de representació política. I, en segon lloc, si bé és cert que l'administració no pot actuar de forma partidista, no es pot restringir arbitràriament el dret dels ciutadans de ser representats políticament pels consistoris. L'administració ha de ser neutral, però els carrers i les places no són administració pública sinó espai públic, un àmbit de llibertat on no regeix cap requeriment constitucional de neutralitat. Res més lluny de la realitat, doncs, que els ajuntaments no puguin atendre demandes ciutadanes amb contingut ideològic. Altrament, hauríem de concloure que dedicar una plaça o carrer a qualsevol personatge públic amb connotacions polítiques o reivindicatives (Francesc Layret, la Pasionaria, Josep Tarradellas o Pepe Rubianes) estaria prohibit.

L'espai públic és un lloc de realització dels drets i llibertats de la ciutadania (com el dret fonamental de llibertat d'expressió i el dret de participació pública) dels quals n'és una expressió l'estelada. I segons l'article 9.2 de la constitució espanyola, tots els poders públics (també el poder judicial) tenen el deure de promoure i facilitar, de forma real i efectiva, la participació de la ciutadania en la vida política, econòmica, cultural i social. A més, prohibir actuacions municipals als espais públics si només responen a la ideologia d'una part de la societat porta a l'absurd, ja que difícilment trobarem als espais públics cap campanya municipal compartida per tota la societat.

Malauradament, la sentència delata el predomini en el món judicial de prejudicis reglamentistes i el desconeixement dels valors democràtics que han d'impregnar la societat. Aquests prejudicis es posen de manifest de forma punyent quan la sentència diu que si bé les estelades estan prohibides no passa el mateix amb les banderes espanyoles ja que es tracta de símbols oficials regulats per llei. Entendre que els símbols oficials són els únics permesos a l'espai públic - confondre oficialitat amb neutralitat- ens remet a una concepció autoritària de la convivència impròpia d'un Estat democràtic.

La sentència defineix les estelades com un símbol partidista alineat amb les pretensions d'un grup de ciutadans. A nosaltres ens sembla que aquesta definició és perfecta, precisament, per a definir la pròpia sentència: una sentència partidista i alineada amb una determinada orientació política.

Publicat a "La República"
28/07/2018 - http://www.lrp.cat/

Alexandre Peñalver, Marc Marsal, Josep Pagès
Col·lectiu Praga

Recordant la presumpció d'innocència

En un moment com el que vivim on el principi de la presumpció d'innocència, un bàsic fa uns anys, un 'mantra' per a molts penalistes, ha passat a un segon pla i la presó preventiva ha adquirit un protagonisme innecessari i poc oportú, o almenys poc oportú per a aquells que encara tenim un sentit romàntic del dret per no dir garantista, cal tornar a recordar que la #presumpciód'innocènciaexisteix, sobre tot quan les garanties i l'Estat de Dret estan en crisi, quasi tant com el romanticisme.

Recordant els clàssics podem dir que ***totes les persones acusades d'un delicte tenen dret a què es presumeixi la seva innocència*** *mentre no es provi la seva culpabilitat de conformitat amb la llei i en un judici just en el qual s'hagin assegurat totes les garanties necessàries per a la seva defensa.* Cobo del Rosal deia fa anys que calia fer ús d'altres noms com denunciat o querellat i no acusat o imputat fins que de les diligències imprescindibles realment en fos evident o palmària la culpabilitat; en aquest sentit la reforma de la LECr va substituir el terme imputat pel d'investigat per la connotació pejorativa que en tenia, però aquest canvi de nomenclàtor ha estat solament estètic ja que en aquest moment a qualssevol investigat ja se'l considera culpable, afegint-li el plus de l'anomenada 'pena de telenotícies': recordem a Dolores Vázquez, l'opinió pública la va condemnar abans que les proves i de retruc el jurat popular la va considerar culpable de la mort de Rocío Wanninkhof quan anys desprès gràcies a una cigarreta va ser exculpada, però el linxament mediàtic i el pas per la presó ja ningú li tornarà, hem salvat la seva persona però no el seu nom. Ni a França la llei Guigou de 1970, que transforma la presó preventiva en presó provisional, i que es va proposar fer respectar els drets dels imputats fins a la sentència definitiva sancionant la seva infracció amb penes de multa, ha tingut èxit en aquest sentit: la pressió mediàtica te més força que una sentència condemnatòria.

Mentre que a l'Espanya dels 80 el Tribunal Constitucional deia que la presumpció d'innocència era un dret fonamental on qui acusa ha de demostrar de forma clara la culpabilitat de l'acusat que no cal que demostri la seva innocència perquè la càrrega de la prova es de qui acusa, del Ministeri Fiscal o de l'acusació particular o popular, a l'actual Espanya la presó preventiva ha esdevingut el primer recurs aplicable en qualssevol cas. En aquest moment ens sembla que qualsevol mesura inferior a la presó preventiva no és suficient, res es suficient, els procediments son més mediàtics que jurídics, cal veure determinats contertulians destrossar dia darrera dia el codi penal i allà on dèiem que el dret penal era la ultima ràtio, ara hi veiem la *primus ratio*. Cal reflexionar i recordar els principis del dret penal, deixar de penalitzar conductes que poden tenir resposta en altres jurisdiccions o en altres instàncies i reservar la presó preventiva o provisional per a aquells casos mereixedors d'aquesta, sinó estem desnaturalitzant les eines de les quals disposem i les institucions que les van crear.

Yolanda Hernàndez
Directora de Serveis Jurídics i Secretaria Delegada Ciutat Vella

Veritats i mentides al voltant dels habitatges d'ús turístic

L'indiscutible èxit de les plataformes d'economia col·laborativa (Airbnb, Homeaway, Niumba,...) ha provocat un sisme en el parc d'habitatge de moltes ciutats amb la irrupció dels habitatges d'ús turístic, que les administracions públiques s'han vist obligades a gestionar amb moltes dificultats.

No es tracta d'una figura totalment nova perquè des de fa dècades moltes famílies de pobles costaners llogaven el seu habitatge durant els mesos de juliol i agost. El que ha canviat les regles del joc ha estat la possibilitat que tenen ara simples propietaris particulars de comercialitzar el seu habitatge en un mercat global, en les mateixes condicions que grans cadenes hoteleres i centrals de reserves, possibilitat que ha afavorit tant l'entrada d'un gran nombre de pisos en aquest negoci com l'oportunitat d'obtenir rendiments immediats, i ha fet que grans fons d'inversió hagin decidit apostar-hi.

I com a conseqüència d'aquest canvi econòmic global, els municipis han patit un sotrac de primera magnitud en el seu entorn urbà. Habitatges que allotjaven residents permanents amb contractes de baix preu han passat a ser ocupats per turistes disposats a pagar centenars d'euros per "l'experiència de viure com un local" per uns dies, però amb uns hàbits de comportament, de consum i d'ús de l'espai públic absolutament diferents.

El resultat és prou conegut: increment del preu de l'habitatge i dels lloguers, expulsió dels residents permanents, substitució del comerç de proximitat per activitats destinades a l'oci o a la venda de souvenirs, saturació del transport públic, problemes en la mobilitat causats per l'arribada o sortida dels turistes amb maletes, etcètera.

Davant d'aquesta situació, a més, la transposició estatal de la Directiva de Serveis suposa per a les administracions un obstacle afegit perquè dificulta i restringeix les solucions que es poden adoptar. Per exemple, els municipis no poden sotmetre aquestes activitats a llicència sense una cobertura legal suficient, i aquesta cobertura ha d'estar vinculada a les anomenades raons imperioses d'interès general que el legislador estatal, a diferència del que estableix la Directiva, ha convertit en un estricte *numerus clausus*.

Per acabar d'arrodonir el panorama, els municipis són administracions petites, sotmeses a la normativa d'estabilitat pressupostària i sostenibilitat financera, que amb uns recursos molt limitats han d'inspeccionar tots els habitatges (és a dir, amb la necessitat d'autorització judicial d'entrada en cas de negativa de l'ocupant), per poder comprovar l'estada d'uns ocupants que al cap de pocs dies hauran marxat. O bé han de lluitar contra les grans plataformes, poderoses corporacions radicades sovint a l'estranger, que són les responsables últimes de la comercialització d'aquests habitatges en un mercat global.

Davant aquests fets, que podríem anomenar "veritats", apareixen veus procedents del sector immobiliari que afirmen allò que en aquest article qualifiquem com a "mentides", són afirmacions prou conegudes, com per exemple:

"Un propietari pot fer el que vulgui amb el seu habitatge"

No, el dret de propietat està sempre sotmès a la normativa vigent que limita aquest dret. Només cal recordar que ni un propietari pot edificar allà on no és permès, ni pot dur a terme una activitat que no permet el planejament, per exemple.

"La Directiva de Serveis ha alliberat aquestes activitats de tota regulació"

En absolut. La Directiva es limita a determinar que tota limitació a les activitats ha d'estar degudament justificada, ser proporcional i no discriminatòria. I sota aquest principi es pot limitar tant l'ús industrial en sòl residencial, com els usos turístics.

"Controlar les plataformes de l'economia col·laborativa és posar portes al camp"

La Llei de Serveis de la Societat d'Informació i Correu Electrònic és clara: **els prestadors de serveis per Internet han de complir la normativa aplicable** independentment del canal de comercialització, i els simples intermediaris han de retirar la informació que emmagatzemen quan són informats de la seva il·legalitat. Les administracions públiques poden controlar les plataformes, per descomptat; el problema és com ho poden fer.

"L'administració no ha d'intervenir, són relacions entre particulars"

L'administració ha de protegir els interessos generals, i la proliferació il·limitada d'habitatges d'ús turístic té, com hem vist, conseqüències perjudicials per a aquests interessos. Per tal de garantir un entorn urbà habitable cal intervenir en l'exercici de l'activitat dels habitatges d'ús turístic, que òbviament neix de les relacions entre particulars. Com tota activitat econòmica.

Veritats i mentides al voltant dels habitatges d'ús turístic. Tot depèn del punt de vista.

Xavier Silvestre
Lletrat consistorial de l'Ajuntament de Barcelona

comentaris

La doctrina del TSJC sobre l'interès del competidor en la impugnació d'actes administratius, en particular en els procediments de revisió d'ofici

No és un fet inusual que una resolució administrativa que reconeix un dret a un subjecte determinat o l'habilita per a l'exercici d'una activitat sigui impugnada per una altra persona, física o jurídica, emparant-se en un pretès interès legítim derivat de la condició de competidor comercial de qui exerceix la impugnació. L'exemple paradigmàtic és l'atorgament, a favor d'empreses o particulars, d'autoritzacions o concessions administratives.

Partint d'aquest escenari, el Tribunal Superior de Justícia de Catalunya ha establert una doctrina, actualment consolidada, sobre la legitimació derivada de l'"interès competitiu", tancant la porta a les impugnacions que pretenguin escudar-se en una mera al·legació genèrica d'aquest interès. En concret, la Sentència que serà objecte de comentari (això és, la STSJC, Sala Contenciosa Administrativa, Secció 5a, de 6 d'abril de 2017, dictada en el rca núm. 322/2014), va abordar la qüestió relativa a la legitimació d'una empresa per sol·licitar la revisió d'ofici d'una resolució administrativa atorgada a favor d'una altra empresa del sector.

D'acord amb aquesta doctrina, la invocació genèrica d'un interès competitiu no és suficient per afirmar la condició d'interessat en un procediment d'impugnació de determinat acte administratiu, sinó que s'exigeix al·legar un interès concret en relació amb aquesta revisió o, en paraules del TSJC, un interès "en sentit propi, identificat i específic", de manera que l'anul·lació de l'acte que s'impugni ha de produir un efecte positiu (benefici) o negatiu (perjudici), actual o futur".

Aquesta doctrina suposa una reafirmació i concreció de la consolidada jurisprudència sobre l'abast de la legitimació per interposar recursos en via administrativa. En aquest sentit, amb caràcter general, s'ha admès que el legitimat per interposar recurs administratiu no s'identifica amb l'interessat en el procediment administratiu (que actualment es troba regulat en l'article 4 de la Llei 39/2015, d'1 octubre, de Procediment Administratiu Comú de les Administracions Públiques), sinó que la jurisprudència ha fet una interpretació extensiva de la legitimació per interposar recurs en via administrativa i ha afirmat que estan legitimades per impugnar un acte administratiu aquelles persones que, per la situació objectiva en la qual es troben, per una circumstància de caràcter personal, o pel fet d'ésser destinatàries d'una regulació sectorial, són titulars d'un interès propi diferent de la resta de ciutadans en què l'Administració actuï de manera ajustada a Dret (STS, Sala contenciosa administrativa, Secció 7a, de 2 de juliol de 1999, recurs núm. 746/1996). Tal com ha declarat el Tribunal Constitucional, l'interès legítim equival a "titularitat potencial d'una posició d'avantatge o d'una utilitat jurídica per part de qui exerceix la pretensió i que es materialitzaria en el cas que aquesta prosperés" (per totes, STC 97/1991, de 9 de maig). En l'àmbit dels recursos administratius, l'interès legítim concorre si el manteniment de la situació creada per l'acte administratiu pot representar un perjudici positiu i cert per al recurrent, encara que sigui indirecte. En canvi, el mer interès en la defensa de la legalitat per part dels ciutadans no atorga a aquests un interès legítim per poder impugnar qualsevol acte administratiu, excepte en aquells àmbits sectorials on es reconegui l'acció pública. Aquest és el cas de l'acció pública en matèria d'urbanisme, reconeguda a l'article 12 del Decret legislatiu 1/2010, del 3 d'agost, pel que s'aprova el text refós de la Llei d'Urbanisme. En matèria de medi ambient, es reconeix una acció pública més restringida, que es circumscriu a les persones jurídiques sense ànim de lucre que tinguin entre les finalitats acreditades en els seus estatuts la protecció del medi ambient en general o la d'algun dels seus elements en particular i compleixin els restants requisits que estableix l'article 23 de la Llei 27/2006, de 18 de juliol, per la qual es regulen els drets d'accés a la informació, de participació pública i d'accés a la justícia en matèria de medi ambient.

Específicament pel que fa a les accions impugnatòries exercides per competidors comercials, cal partir de la premissa que tant la Llei de Defensa de la Competència (Llei 15/2007, de 3 de juliol) com la Llei de Competència Deslleial (Llei 3/1991, de 10 de gener) contenen una regulació específica sobre la legitimació derivada de la concurrència competencial entre empreses, la qual es troba configurada de manera força àmplia i permet a les empreses intervenir en els procediments regulats en la legislació sectorial. Així, l'article 33 de la LCD, regula la legitimació activa dels competidors en l'exercici d'accions per competència deslleial, en establir que "qualsevol persona física o jurídica que participi al mercat, quins interessos econòmics resultin directament perjudicats o amenaçats per la conducta deslleial" pot exercitar les accions previstes en la Llei; de la mateixa manera, la LDC contempla una àmplia intervenció de les empreses competidores en el marc de procediments de defensa de la competència en la mesura que es troben dirigits a garantir l'ordre econòmic constitucional, que constitueix la primera i més important forma en què es manifesta l'exercici de la llibertat d'empresa (STS 27 de novembre de 2011 –rc 2515/2009).

No obstant això, tal com ha declarat el TSJC, d'aquesta àmplia configuració legal de la legitimació derivada de l'interès competitiu no es pot extreure una espècie d'habilitació genèrica d'un competidor per impugnar qualsevol activitat desenvolupada o relacionada amb altres empreses que actuen en el mercat, sinó que sempre ha d'existir un interès en sentit propi, identificat i específic, de manera que l'anul·lació de l'acte o la disposició que s'impugni ha de produir un efecte positiu (benefici) o negatiu (perjudici), actual o futur. S'exceptuen d'aquesta regla els supòsits en què s'admet l'acció pública d'acord amb la legislació sectorial d'aplicació, als quals ja ens hem referit.

Aquesta doctrina és de plena aplicació als procediments de revisió d'ofici d'actes administratius, que, pel seu caràcter excepcional, han de ser interpretats amb caràcter restrictiu quant als seus pressupòsits d'admissió, atès que s'adrecen a combatre una actuació administrativa que ha esdevingut ferma en aquesta via.

En aquest sentit, la STSJC (Sala Contenciosa Administrativa, Secció 5a) de 6 d'abril de 2017, dictada en el rca núm. 322/2014, va declarar que entre les causes d'inadmissió d'una sol·licitud de revisió d'ofici es troba sens dubte la manca de condició d'interessat de qui la formula. Així, malgrat l'article 106 de la Llei 39/2015 no es refereixi de manera expressa a la manca de legitimació entre les causes d'inadmissió de la sol·licitud (a diferència del que s'esdevé en el cas dels recursos administratius en l'article 116), aquell precepte exigeix que la declaració de nul·litat sigui formulada "a sol·licitud dels interessats". En conseqüència, cal entendre comprès en el control d'admissió de la sol·licitud la manca del pressupòsit necessari per impulsar el procediment de revisió d'ofici, que no és altre que tenir la condició d'interessat en el procediment.

" no és suficient la genèrica invocació a l'interès competitiu com a definidor de la condició d'interessat i va declarar que qui formuli una sol·licitud de revisió d'ofici ha d'acreditar de manera clara i concreta el benefici, utilitat o avantatge que obtindria com a conseqüència d'una eventual declaració de nul·litat de l'acte administratiu en qüestió".

L'acte administratiu que va ser objecte d'enjudiciament en la STSJC esmentada era una resolució administrativa que va declarar la inadmissió d'una sol·licitud de revisió d'ofici presentada per una empresa contra una resolució d'atorgament d'una pròrroga de diverses concessions mineres a favor d'una altra empresa del mateix sector econòmic. En el supòsit analitzat, el Tribunal va considerar insuficient la genèrica invocació a l'interès competitiu com a definidor de la condició d'interessat i va declarar que qui formuli una sol·licitud de revisió d'ofici ha d'acreditar de manera clara i concreta el benefici, utilitat o avantatge que obtindria com a conseqüència d'una eventual declaració de nul·litat de l'acte administratiu en qüestió. En paraules del Tribunal (FJ Tercer):

"Al proyectar la anterior doctrina jurisprudencial sobre la controvertida condición de interesada de la recurrente en el marco del procedimiento administrativo de revisión de oficio, observamos que no se constata la existencia de un claro beneficio, ventaja o utilidad concreta que podía obtener la demandante como consecuencia de la revisión de oficio de la prórroga de las concesiones otorgadas a la codemandada. En este punto, no se acredita ni la posición en el mercado, volumen de negocio y actividad de ambos competidores, ni el impacto potencial en el mercado derivado de la revisión del acto, ni en definitiva cuál sería la concreta utilidad o ventaja que reportaría a la demandante una eventual declaración de nulidad de la prórroga de la concesión.

Por otra parte, el objeto del procedimiento de revisión de oficio es la prórroga de varias concesiones mineras otorgadas por la Administración a una concesionaria, lo cual en principio está fuera del ámbito de las conductas colusorias, prohibidas o desleales entre competidores a que se refiere la regulación sectorial de la competencia, lo cual abunda en la necesidad de alegar un interés concreto en relación a la revisión del acto, siendo insuficiente la genérica invocación al interés competitivo como definidor de la condición de interesado".

Aquesta doctrina ha estat reiterada en la recent Sentència dictada per la Secció Tercera de la Sala Contenciosa Administrativa del TSJC en data 5 de febrer de 2018, en el rca núm. 87/2014, interposat contra una resolució que va inadmetre, per manca de legitimació, una sol·licitud de revisió d'ofici presentada per una empresa contra una autorització administrativa atorgada a favor d'un altre competidor del sector.

En vista dels pronunciaments judicials analitzats, cal concloure que, deixant de banda els supòsits en què s'admet l'acció pública per al reconeixement de la legitimació en els procediments d'impugnació d'actes administratius (específicament, en els procediments de revisió d'ofici), no és suficient amb la genèrica invocació d'un interès competitiu, sinó que ha d'existir un interès en sentit propi, identificat i específic, representat per l'obtenció d'un benefici, utilitat o avantatge com a conseqüència d'una eventual declaració de nul·litat de l'acte administratiu impugnat. D'acord amb la doctrina exposada, la prova d'aquell "benefici, utilitat o avantatge" passaria per acreditar la posició de mercat, el volum de negoci, l'activitat de tots dos competidors, i l'impacte potencial que tindria al mercat la revisió de l'acte impugnat.

Anna Maria Burgués
Advocada de la Generalitat

L'ampliació jurisprudencial del concepte de comptedant

La funció jurisdiccional del Tribunal de Comptes, especial per raó de la matèria, i que aquest exerceix en exclusivitat, deriva directament de l'art. 136.2, segon paràgraf, de la Constitució, i s'apuntala sobre una figura jurídica essencial: **el comptedant**, al voltant del qual gira la seva raó de ser. Des del naixement d'aquesta jurisdicció i fins a l'actualitat, les lleis que la regulen i la jurisprudència constant del Tribunal de Comptes, del Tribunal Suprem i del Tribunal Constitucional, han vinculat la responsabilitat comptable a un requisit ineludible: només es pot reclamar la responsabilitat comptable als gestors dels cabdals i efectes públics que tinguin la condició de comptedant, i aquesta la té únicament la persona física que maneja cabdals o efectes públics.

La figura del comptedant apareix clarament delimitada als articles 2.b) i 15 de la Llei orgànica del Tribunal de Comptes (LOTCu): tots aquells que recaptin, intervinguin, administrin, custodiïn, maneguin o utilitzin béns, cabdals o efectes públics. És a dir, qualsevol persona que maneja un patrimoni públic es converteix en comptedant respecte d'aquest. La única excepció legal és la que conté l'art. 49.1 de la Llei de Funcionament del Tribunal de Comptes (LFTCu), que preveu que també es pugui exigir responsabilitat comptable als perceptors (persones físiques o jurídiques) de les subvencions, crèdits, avals i altres ajuts públics.

El concepte de comptedant que ha anat configurant el Tribunal de Comptes (entre d'altres, sentència de la Sala de Justícia del Tribunal de Comptes de 31 de març de 2009) és diferent i més ampli que el concepte que apareix a la Llei General Pressupostària. És comptedant aquella persona que té l'obligació de retre comptes en relació amb la seva gestió dels béns o fons públics, essent indiferent si és o no funcionari i si ha estat o no nomenat formalment; fins i tot, és suficient l'adjudicació de facto de la funció. I no es requereix tenir disponibilitat directa sobre els fons públics, és suficient tenir capacitat de decisió sobre ells. Els comptes que s'han de retre són els que el Tribunal de Comptes ha de fiscalitzar. El comptedant és l'obligat a donar compte del destí donat als béns, cabdals o efectes públics que li van ser encomanats. I tot això, per la elemental raó de què es tracten de béns i efectes aliens, en clara correspondència amb el dret del seu titular a exigir quin ha estat el seu destí; dret i obligació especialment qualificats per la naturalesa pública d'aquests.

Paral·lelament, i amb la mateixa contundència, s'ha erigit i mantingut la jurisprudència en relació amb la figura del cooperador necessari o *extraneus*, que determina que aquest resta fora de l'àmbit subjectiu de la responsabilitat comptable justament perquè no ostenta la condició de gestor de fons públics o comptedant. El cooperador en l'àmbit de la jurisdicció comptable exigeix uns requisits addicionals per a la seva imputació que no coincideixen *stricto sensu* amb els que exigeix l'art. 28.b) del Codi Penal. La responsabilitat comptable està sempre vinculada al maneig de fons públic i, per això no s'admet la possible responsabilitat comptable de *l'extraneus. Aquest* és el criteri sostingut sense fissures pel Tribunal de Comptes i avalat reiteradament per la Sala 3a del Tribunal Suprem (sentències de 21 de juliol de 2011 i de 30 de gener de 2012, entre d'altres). Qui no és gestor de fons públics no pot ser enjudiciat per la Jurisdicció comptable, encara que hagi estat inductor o hagi participat activament en el dany. Podrà ser enjudiciat pels òrgans de la jurisdicció penal, en el cas que la conducta sigui constitutiva de delicte, però no per la comptable. Si bé, una interpretació flexible del text de l'art. 42.Uno de la LOTCu permetria l'entrada de l'*extraneus* en l'àmbit subjectiu de la responsabilitat comptable, el Tribunal de Comptes és molt restrictiu en la seva interpretació i el Tribunal Suprem ha confirmat aquesta posició, negant la responsabilitat comptable de qui no té la condició de gestor del patrimoni perjudicat, malgrat hagi participat en els fets generadors del menyspreament.

Nogensmenys, des de fa temps, es venen sentint veus dins del Tribunal de Comptes que posen de manifest el desig de què la Jurisdicció comptable sigui competent per conèixer de la responsabilitat comptable de tots els implicats, inclosos els cooperadors necessaris, encara que no siguin comptedants, per tal d'evitar que es divideixi la continència de la causa. Així, hi ha qui proposa una modificació de la normativa que permeti l'exigència de responsabilitat comptable als coautors o cooperadors necessaris, encara que no siguin gestors dels fons públics, de l'il·lícit comptable en el que hagin participat. Però el cert és que ni la darrera modificació de la LFTCu, operada per la Llei 15/2014 de 16 de setembre, de racionalització del sector públic i d'altres modificacions administratives, ni la modificació de la LOTCu portada a terme per la Llei orgànica 3/2015, de 30 de març, de control de l'activitat econòmic-financera dels partits polítics, han incidit en aquest qüestió, i han deixat la regulació de la responsabilitat de l'*extraneus* en el mateix *status quo*.

Dins d'aquest context normatiu i jurisprudencial, l'any 2017 el Tribunal de Comptes va dictar una sentència que va sacsejar els fonaments en què se sustenta aquesta qüestió: la sentència de la Sala de Justícia 9/2017, de 21 de març de 2017, relativa al recurs d'apel·lació interposat pel *Instituto Nacional de Tecnologías de la Comunicación, SA* (INTECO), León, contra la sentència dictada en primera instància. En aquesta sentència, encara que la Sala de Justícia estima el recurs d'apel·lació dels demandats, també confirma la LEGITIMACIÓ PASIVA dels arquitectes que van signar les certificacions d'una obra que no es va executar i que ni eren gestor públics ni manegaven fons públics.

D'una lectura ràpida de la sentència d'INTECO, podria semblar que el que ha fet la Sala de Justícia del Tribunal de Comptes, en considerar responsables comptables als arquitectes que van signar la certificació d'una obra pública que no es va executar, és apartar-se de la seva doctrina sobre la inimputabilitat comptable de l'*extraneus*. Però no és aquest el camí pel que s'ha decantat el Tribunal, que al llarg de la sentència no fa cap referència sobre el cooperador necessari o *extraneus*. Sorprenentment, la Sala opta per ampliar els límits del concepte de comptedant i considerar que els arquitectes, que estaven vinculats a l'entitat pública per contractes de prestació de serveis professionals concrets, en realitat eren gestors de fons públics (és a dir, comptedants), ja que entre les seves obligacions contractuals i legals estaven incloses les d'adoptar decisions sobre l'ús i maneig de cabdals públics. La Sala indica que la legitimació passiva dels arquitectes no pot derivar de les funcions tècniques que, com professionals de l'arquitectura haguessin desenvolupat respecte a l'obra com a responsables de la seva direcció i execució, sinó de les actuacions que, en el seu cas, haguessin realitzat amb efectes sobre el pagament del preu de la mateixa. Així, com a les Normes de contractació d'INTECO s'estableix que el pagament no pot realitzar-se sense la

prèvia expedició de les oportunes certificacions dels facultatius que acreditin que els treballs a abonar han estat complet i correctament executats, i com això està en consonància amb els articles 12.3.e) i 13.2.e) de la Llei 38/1999, de 5 de novembre, que establia que formava part de les funcions de direcció de l'obra subscriure el certificat final d'aquesta així com conformar les certificacions parcials i la liquidació final de les unitats d'obra executada, essent responsables de la veracitat i exactitud del certificat final d'obra el director de l'obra i el director de l'execució que la subscriguin, la Sala conclou que concorren en la seva actuació els requisits legals i jurisprudencials necessaris per considerar-los gestors dels fons públics subjectes a la seva decisió i comptedants respecte dels mateixos, doncs la signatura de la certificació va ser la causa del pagament.

En una sentència anterior, però relativament pròxima en el temps, la sentència 11/2016, de 21 de setembre de 2016, també molt rellevant per l'impacte social i mediàtic de les infraccions en matèria de subvencions vinculades a la Conselleria de Solidaritat i Ciutadania de la Generalitat valenciana, la mateixa Sala de Justícia del Tribunal de Comptes havia confirmat la seva doctrina, revocant la sentència d'instància però NO reconeixent la LEGITIMACIÓ PASIVA de l'*extraneus*, que en aquest cas era una persona que va contribuir a la comissió de la infracció comptable, influint i mediant perquè fossin concedides un seguit de subvencions a una entitat que no reunia els requisits per obtenir-les, a canvi d'una comissió del 25% de l'import de les subvencions. El Tribunal de Comptes considera que aquesta persona, amb independència de la seva participació en la malversació comptable i en el frau originat, en cap cas va manegar fons públics atès que no era gestor ni perceptor de les subvencions, ni tenia cap vinculació de dependència amb la Conselleria i, per tant, declara la seva manca de legitimació passiva en el procediment de responsabilitat comptable.

> El Tribunal de Comptes confirma i ratifica la seva doctrina de la inimputabilitat comptable de l'extraneus, però ha decidit recórrer a l'ampliació del concepte de comptedant.

En definitiva, tot indica que el Tribunal de Comptes confirma i ratifica la seva doctrina de la inimputabilitat comptable de l'*extraneus*, però ha decidit recórrer a l'ampliació del concepte de comptedant per a imputar per responsabilitat comptable a uns arquitectes que, sense ser gestors públics ni manegar fons públics, han tingut una intervenció decisiva en el procediment de pagament amb diners públics; és a dir, ha convertit en comptedant a qui, segons la llei, no reuneix els requisits per ser-ho. Una opció agosarada però que s'adequa a la doctrina tradicional, reiterada pel Tribunal de Comptes i pel Tribunal Suprem, de què el concepte de comptedants s'ha d'entendre sempre en sentit ampli.

La sentència d'INTECO crea un precedent i genera desconcert jurídic i diversos dubtes. La primera pregunta que ens fem és si l'amplitud del concepte de comptedant pot arribar a ser de tal naturalesa que desbordi els seus propis límits legals, de forma que abasti també al cooperador necessari o *extraneus*, fent que aquesta figura jurídica perdi la seva configuració legal i desaparegui absorbit per la *vis atractiva* de la nova conceptualització, per ara doctrinal, del concepte de comptedant. Quin valor té a partir d'aquesta sentència dir, com diu la llei, que el comptedant és aquell que gestiona, manega, intervé o decideix sobre els fons públics, si aquesta condició pot atribuir-se a qualsevol altra persona, aliena a aquestes funcions? És aquest el millor camí per permetre l'entrada de l'*extraneus* dins l'òrbita de la responsabilitat comptable? No podem obviar que, d'aquesta manera, s'equipara la responsabilitat de l'*extraneus* a la del responsable directe, i respon de la mateixa forma perquè se'l converteix en el mateix, no es fa cap distinció. No hauria estat preferible aprofitar el moment per apartar-se de la doctrina de què l'*extraneus* no és responsable comptable a través d'una interpretació flexible de l'art. 42.Uno de la LOTC, abans de desbordar la delimitació legal del concepte de comptedant? I el més inquietant, aquesta sentència determina un veritable gir doctrinal o es tracta simplement d'un cas puntual?

Montse Polidura
Advocada de la Generalitat

dret animal

Estatus jurídic del llop (Canis lupus) a Catalunya

El llop *(Canis lupus)*, un dels carnívors més emblemàtics de la nostra cultura, té una de les poblacions salvatges de la UE (amb permís d'Itàlia) més importants a la Península ibèrica. Es calcula que hi ha uns 2500 exemplars, dels quals uns 300 a Portugal. La major part dels llops estan a Castilla-León, amb bones poblacions a la província de Zamora i les seves limítrofes al nord i a l'oest. Actualment s'accepta que el llop ibèric és una subespècie diferent anomenada *signatus*. Es considera estable i en certa expansió, però el cert és que la seva demografia no s'ha incrementat notablement fruit d'intenses campanyes de persecució amb sistemes de captura directa (controls poblacionals). A la Sierra de la Culebra, un dels llocs amb més densitat, es caça en modalitat trofeu.

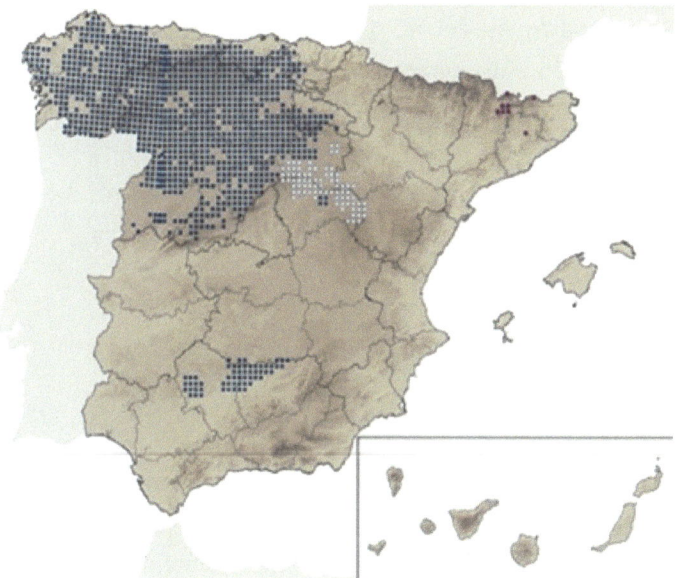

Distribució del Llop a Espanya. En blau, quadrícules d'UTM amb presència permanent i ocasional en gris. En color vermellós, zones on s'ha detectat el llop els darrers 15 anys.

És evident que el llop és una espècie característica sobre la qual és difícil mantenir-se indiferent. A banda del lloc que té en el nostre imaginari cultural, la seva recuperació en temps moderns fa que cíclicament retorni al primer plànol de l'opinió pública. En aquest article farem una reflexió breu sobre el seu estatus jurídic com a espècie que, malgrat ens pugui semblar, té un nivell de protecció "que admet mesures de gestió" a casa nostra. En efecte, aquesta situació no sempre harmònica entre les diferents comunitats autònomes espanyoles revela, això sí, que allà on es permet caçar és en base a unes autoritzacions que al seu torn responen a uns plans cinegètics més o menys precisos. En absència d'aquesta situació, aquest cànid no pot ser caçat.

Els elements bàsics d'aquesta situació del llop deriven del Conveni internacional relatiu a la Conservació de la vida silvestre, fet a Berna el 19 de Setembre de 1979 i ratificat per Espanya el 13 de maig de 1986 (BOE núm. 235, d'1 d'Octubre de 1986). En aquest tractat, l'Estat va presentar reserva expressa per declarar-la espècie protegida només al Sud del Duero, restant la seva situació com d'espècie protegida que admetia mesures de gestió. El conveni relatiu a la Conservació de la Vida Silvestre i del Medi Natural a Europa (Conveni de Berna) incloïa originàriament al llop en l'annex II (espècies de fauna estrictament protegides). Però l'Estat espanyol, en ratificar-lo al 1986, va fer una reserva per incloure-ho en l'annex III, el de "espècies protegides" a seques, que permet un cert tipus d'explotació mentre es mantinguin les poblacions en estat de conservació favorable. D'aquesta forma, només és una espècie estrictament protegida a Andalusia, per cert on precisament la seva població es pot considerar a data d'avui com a extinta (població de Sierra Morena).

La Llei 42/2007 de 13 de desembre, de patrimoni natural i de la biodiversitat, disposa que les administracions públiques han d'adoptar "les mesures necessàries per garantir la conservació de la biodiversitat que viu en estat silvestre" (article 54) i, com a regla general, protegeix tota la fauna silvestre, de forma que la seva captura i/o aprofitament requerirà sempre d'una autorització explícita.

Per contra, com s'ha dit abans, les poblacions espanyoles del nord del Duero "poden ser sotmeses a plans de gestió". En absència de legislació autonòmica de caça, la Llei de Caça 1/1970, de 4 d'abril, i el seu Reglament (Decret 506/1971), el llop des del Reial Decret 1095/89 (modificat parcialment per la Sentència del Tribunal Constitucional 102/1995, de 26 de juny) que desenvolupava la Llei 4/1989 de Conservació dels Espais Naturals i la Flora i Fauna Silvestre, ja va incardinar-se en l'Annex II, el d'espècies la caça de les quals haurà de ser decidida per cada comunitat autònoma.

A les comunitats autònomes que han legislat en matèria de caça i on el llop és espècie cinegètica, són: Galícia, Castilla- León, Cantàbria, La Rioja i Euskadi. En aquests territoris, el llop pot ser caçat d'acord amb els plans d'aprofitament i en cas de danys (*descastes*). L'estatus del llop a Astúries i Aragó és de no cinegètic, però sotmès a controls per part de l'Administració.

A Catalunya es pot entendre com a espècie absent, amb presències puntuals, generalment a la zona del vessant sud del Cadí. Contra tot pronòstic, les mostres d'ADN dels individus localitzats des de 1999 pertanyen a la subespècie de llop itàlica i no pas a *signatus*. Pot interpretar-se com un factor de l'efectivitat dels controls del llop ibèric en el corredor cap al Pirineu a les autonomies al nostre oest i, per contra, mostres de l'èxit en la seva expansió a Itàlia de punta a punta dels Apenins (i també de la seva persecució a França). Aquestes dades de moment no generen una població estable. Cap grup familiar s'hi ha establert. Jurídicament s'aplica el criteri de la Directiva 92/43/CEE d'hàbitats que a l'Annex IV la considera especialment protegida, amb la mateixa reserva del Conveni de Berna abans esmentada (però el Pirineu seria "al Nord del Duero" des del punt de vista teòric). A més, com a espècie no present o accidental, qualsevol dany sobre aquesta es consideraria sancionable des del punt de vista administratiu (en base a la Llei de protecció dels Animals de 2008) i faria aplicable l'art. 335 del Codi Penal per a espècies no autoritzades. Un règim equiparable a espècie protegida, però ja es veu que necessita d'una construcció teòrica una mica enrevessada, cosa que recomanaria aclarir la situació dels del punt de vista normatiu per evitar que en cas de furtivisme pugui quedar en zona grisa.

Com a espècie protegida que admet mesures de gestió, aquestes han d'estar previstes *ex ante* i només Astúries té aprovat un pla de gestió d'aquest carnívor. De fet, Castella i Lleó preveu que el valor a efectes d'indemnització per a casos del dit furtivisme d'un llop sigui de 9.000 €, per la qual cosa és evident que hi ha un interès econòmic, turístic i de promoció dels sectors primaris per garantir la seva conservació. En una societat majoritàriament urbana, el llop és un valor en alça, que convenientment gestionat pot llançar una conciliació satisfactòria amb els col·lectius que es veuen directament afectats per la seva presència.

Lluís-Xavier Toldrà
Advocat de la Generalitat

Les agències antifrau

A finals de 2016, gairebé deu anys després de què el Parlament Català creés l'Oficina Antifrau de Catalunya, el Parlament Valencià, Les Corts, van aprovar la llei de creació de l'Agència per a la Prevenció i Lluita contra el Frau i la Corrupció. En 2015 l'Ajuntament de Barcelona creà l'Oficina de Transparència i Bones Pràctiques. En aquets tres últims anys han estat diversos els territoris (Illes Balears, Aragó, Navarra, Astúries, Galícia) i grans municipis (Madrid, Saragossa i la pròpia Barcelona) que han creat estructures de naturalesa jurídica administrativa dirigides a prevenir el frau i en l'actualitat han començat a coordinar-se a nivell estatal mitjançant la creació d'una xarxa que ja està materialitzada a nivell internacional en l'*European Partners against Corruption* (EPAC).

A meitat de 2017 el propi Parlament Valencià acordà amb la majoria qualificada de 3/5 parts escollir director d'entre una terna proposada per les més importants associacions cíviques de lluita contra la corrupció del País Valencià que des de fa anys han vingut desplegant estratègies de conscienciació pública, d'accions judicials i de denúncia dels escandalosos casos de degradació pública que han afectat a les administracions valencianes. Donar iniciativa a les organitzacions cíviques al mateix nivell que la llei també reconeix als grups parlamentaris, per proposar al Parlament persones candidates a dirigir l'Agència és en si mateix una novetat normativa molt important en el procés de reconèixer i potenciar la participació ciutadana en la lluita contra la corrupció i, a la vegada, un reforç en les garanties de neutralitat política i independència de la institució que ha d'assumir la prevenció i la lluita contra les males pràctiques i els comportaments corruptes que tant han arrelat durant les passades dècades al sí de totes les administracions públiques del territori valencià i el seu sector públic. I per a fer-ho més possible, en el cas de l'agència valenciana se l'ha dotat de característiques i potestats inèdites fins ara en l'Estat espanyol. Quant a les característiques: destaca que els seus recursos humans sols poden estar constituïts per persones funcionàries de carrera procedents de qualsevol de les administracions públiques eliminant qualsevol forma d'accés a la funció pública que no hagi passat els procediments de mèrit i de capacitat. Quant a les potestats: en primer lloc, l'agència té competència legal per a protegir a les persones físiques i jurídiques que denuncien la corrupció mitjançant la creació de l'estatut de persona denunciant dirigit a impedir que hagin represàlies i venjances contra qui compleix amb l'obligació i el deure cívic de denunciar corrupció, i que aquestes persones es sentin protegides en el seu àmbit de treball i acompanyades jurídicament; i, en segon lloc, la potestat sancionadora contra aquells que dificultin la tasca investigadora de l'agència, pertorbin la vida dels denunciants o presentin denúncies falses.

Així i tot, l'inici del funcionament de les Oficines i Agències es tasca difícil dins d'una cultura en què ha mancat la transparència en la gestió pública i en la qual en massa ocasions s'ha confós la discrecionalitat administrativa amb l'arbitrarietat; i tot això en un context que ha esvaït la frontera entre l'interès públic i l'interès privat en una barreja on s'ha ignorat tantes vegades l'existència del conflicte d'interès.

Durant els mesos que vinc desenvolupant les meves funcions de director de l'Agència Valenciana Antifrau, se m'ha fet constantment aquesta pregunta: però és què són necessàries aquestes Agències havent tants organismes fiscalitzadors i de control com els que ja existeixen?

Al principi, donava respostes molt pedagògiques i destacava que les agències i oficines antifrau eren la resposta a una necessitat de combatre amb eines noves una corrupció instal·lada de forma quasi sistèmica, que des de fa dècades ve burlant les estructures tradicionals de control. Que des de 2003, la Convenció Internacional contra la Corrupció feta sota l'auspici de Nacions Unides i impulsada per l'Organització per a la Cooperació al Desenvolupament Econòmic - OCDE ve exigint als Estats la creació d'estructures administratives especialitzades en la prevenció i la lluita contra el mal al qual se li imputa tanta pobresa, subdesenvolupament, desigualtats i mala qualitat democràtica. Que la Unió Europea es va avançar a NU creant en 1999 l'OLAF (l'Oficina Antifrau Europea) i promulgant diverses Directives recomanant als Estats membres decisions semblants. Que en la majoria dels països, especialment els anglosaxons i centre i nord europeus, fa dècades que venen funcionant i que alguna relació tindrà en el baix índex de corrupció que tenen. Però, cada vegada més, he començat a preferir contestar a la persistent pregunta quan em ve d'àmbits suposadament formats amb un altra pregunta: I em podria dir vostè per què havent tantes estructures de control ha estat possible tanta corrupció?

No sol haver-hi resposta.

Joan A. Llinares
Director de l'Agència Valenciana Antifrau

noves tecnologies

Newbies en Blockchain

Blockchain és ja una realitat i els juristes hem estat tan pendents de l'administració electrònica i dels "grans canvis" que la Llei 39/2015 implementava que no ens hem adonat que l'actual marc legal ja resulta obsolet.

En el marc d'una Administració Pública virtual, les "novetats" d'una **AP electrònica** se'ns presenten com aquell descodificador de la televisió quan vam canviar de la televisió analògica a la digital: un aparell costós que més aviat que tard acabarà al traster.

Són diverses les característiques que fan de **blockchain** la **nova tecnologia** que tant empreses com a administracions volen usar, tot i que cal tenir clar d'entrada que blockchain no serveix per a tot, ni hauria de ser emprat per a tot.

Literalment Blockchain és una cadena de blocs. Cada un d'aquests blocs conté un llistat de registres agrupats de forma criptogràficament segura. Aquests blocs s'ordenen en seqüències temporals una vegada verificada la seva autenticitat de forma permanent, la qual cosa suposa que no poden ser eliminats ni modificats.

El **segell de temps** és una de les claus del blockchain. Aquest proporciona un registre immutable de totes les transaccions/documents que s'hagin incorporat a la cadena des del bloc inicial, i en ser blocs encadenats el que es genera és un registre seqüencial.

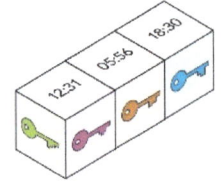

L'ús de la **criptografia** atorga veracitat i autenticitat a la totalitat de transaccions/documents incorporats a la cadena de blocs, amb una certesa absoluta, eliminant en la totalitat la possibilitat de manipulació de dades o documents. Per tant, les dades que s'han incorporat a cada un dels blocs són immutables. Blockchain crea una capa de confiança entre desconeguts, movent la càrrega de confiança dels processadors de dades a l'algoritme criptogràfic. El sistema emprat per Blockchain suposa l'ús de dues claus, una pública i una privada, que és secreta i que només l'usuari coneix. Cada interacció de l'usuari es signa amb la clau pública i es verifica amb la privada.

L'últim element essencial que defineix blockchain és la **immediatesa**, que implica que es registren els documents en temps real, en actualització instantània, ja que Blockchain utilitza arbres de Merkle (es tracta d'una estructura de dades en què cada node es troba etiquetat i "sumat" al següent, creant una figura similar a un arbre) per a la validació ràpida i eficient de dades. A més, aquesta verificació és veloç perquè no es configura com a un sistema centralitzat en què un ens coordina, revisa i verifica, sinó que es distribueix

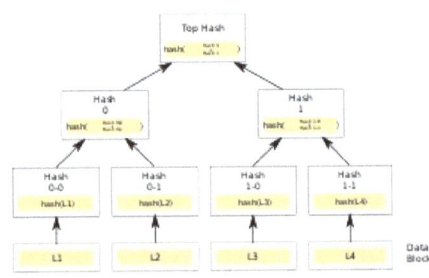

la verificació entre tots els participants. No necessita gestors perquè no està centralitzat. És una xarxa entre iguals on els conflictes es resolen de forma democràtica.

Parlem de **dos tipologies de xarxa blockchain**, les **públiques** i les **privades**. La diferència essencial radica en si són necessaris permisos per actuar i verificar, és a dir, si tothom pot ser-ne usuari i, també, qui seran els *miners* (aquells que verifiquen dades i "tanquen els blocs"). Entenem, així, que una cadena de blocs privada serà semblant a una intranet i una pública és l'equivalent a Internet.

Més que saber com funciona (no ens preguntem com funciona internet...!), el que ens hauria d'interessar és discernir amb claredat quines són les oportunitats i quines - si n'hi ha - són les amenaces. I, paral·lelament, hauríem de determinar si el marc legal actual permet i afavoreix, o bé dificulta, la implementació d'aquesta tecnologia en el nostre país.

Recentment el Govern ha aprovat un acord pel qual s'impulsa la implementació de la tecnologia blockchain a l'activitat de les Administracions Públiques catalanes. Igualment la consellera d'Empresa i Coneixement recentment va anunciar en seu parlamentària la voluntat del Govern de posar en marxa el projecte **IoCat** que permetrà a aquells ciutadans que generin la seva pròpia energia i l'emmagatzemin mitjançant bateries que puguin compartir-la mitjançant la tecnologia de blockchain.

Bloomberg market, des del 2017, dedica portades i diversos articles d'opinió a la tecnologia blockchain. Londres va acollir la *London Blockchain Week* durant el mes de gener d'aquest 2018. MIT, Berkeley, etc., imparteixen cursos no ja sobre què és blockchain sinó sobre com participar, com aplicar-lo a les noves empreses i com treure'n profit.

La Comissió Europea premia amb 5 milions d'euros a l'empresa que aporti millor solució social basada en blockchain, i el Parlament Europeu ha publicat l'informe relatiu a How blockchain Technology could change our lives.

Aquestes referències el que posen de manifest és que fa molts anys que la tecnologia blockchain està emergent i que les valoracions sobre els avantatges i els riscos han estat efectuades. Tot i així, com que no hem estat partícips d'aquest debat, és interessant que ens preguntem què aportarà blockchain a Catalunya. Són infinites les utilitats i beneficis i, només per enumerar unes quantes, ...

De les nombroses utilitats a la nostra vida quotidiana, la més obvia i real és la realització de **pagaments** i **transferències** sense necessitat d'intermediaris, el que fa que s'abarateixin els costos i que l'operació sigui immediata i completament segura gràcies, tal i com hem explicat, a la sistemàtica de blockchain. La total traçabilitat d'aquestes operacions bancàries oferirà també un registre de les operacions financeres i això suposarà una disminució evident dels fraus i les estafes, així com d'altres il·lícits econòmics.

La **còpia de seguretat de dades** en tecnologia blockchain així com la **creació d'identificacions**

digitals segures són altres utilitats immediates que tenen diverses aplicacions tant en l'àmbit privat com en l'àmbit de l'AP.

El sistema d'identificació digital segur evitaria la necessitat de creació de diversos registres administratius (com els previstos en la Llei 39/2015), i evitaria la necessitat d'interoperabilitat de registres, ja que la persona interessada podria compartir les seves dades amb l'Administració en qualsevol moment des de qualsevol dispositiu i, per tant i molt important, essent propietari de les seves dades en tot moment. En la mateixa línia, es podrien compartir les dades mèdiques no solament respecte dels professionals del nostre país, sinó fins i tot enviant proves mèdiques a altres continents per obtenir un diagnòstic d'un professional concret.

Des del punt de vista dels consumidors són realment interessants els usos que blockchain ofereix i que permeten obtenir la **traçabilitat dels productes** alimentaris (com està implementant *Wallmart*), dels medicaments, de productes de segona mà o de joies.

En la **vessant artística**, els autors trobaran en aquesta nova tecnologia un gran aliat que els permetrà un total control sobre els drets d'autor que generin les seves obres (la plataforma *Spotify* estudia com integrar blockchain de forma que els autors sàpiguen exactament quantes vegades s'ha reproduït o s'ha descarregat la seva obra).

Des del punt de vista públic, entès com a afectació al funcionament de l'**AP**, podríem aplicar la tecnologia blockchain a tot tipus de **registres**, inclòs el registre de la propietat, que suposaria una veritable revolució, permetent la reducció de costos en la consulta i les inscripcions, així com la immediatesa de la gestió. Igualment es podria emprar aquesta tecnologia per als testaments, de forma que el causant podria, al llarg de la seva vida, emmagatzemar la seva voluntat digital en una xarxa blockchain.

Una qüestió no menys important és la **transparència**. Els sistemes tradicionals de bases de dades (també les digitals) recopilen només dades actualitzades, és a dir en la seva última versió. Això significa que en el dret a la informació pública, la transparència té un límit evident: és l'ultima actualització. La tecnologia blockchain permet conèixer la totalitat de les dades des de l'inici de la seva incorporació al registre, amb totes les seves actualitzacions i modificacions, sense límits, i, per tant l'ús d'aquesta tecnologia per part de l'Administració permetria exercir amb plenitud el dret a la informació de les ciutadanes i dels ciutadans.

Finalment, cal esmentar que també es planteja que blockchain s'empri per a **votacions electròniques** ja que aquesta tecnologia impedeix la votació fraudulenta i permet amb total transparència el coneixement dels resultats sense que aquests puguin ser alterats.

Perquè puguem gaudir de totes aquestes oportunitats és necessari que ens plantegem si és precís modificar el marc legal. En cas que s'entengui que sí, cal prendre en consideració que l'activitat digital es regeix en base a dos tipus de regles: les legals i les tècniques, que abasten tant el programari com l'activitat. El codi legal conté una sèrie de regles per al funcionament que impliquen que la seva infracció generarà una resposta jurídica per tal de procurar el compliment. El contrari succeeix amb el codi tècnic, ja que en ser intrínsec implica que la infracció genera la paralització i que no es dugui a terme l'activitat.

Per posar un exemple, Bitcoin, criptomoneda que funciona en una xarxa blockchain, no té reglamentació legal i cada participant assumeix unes regles que són definides i executades només pel codi tècnic ja que no existeixen estatuts o altres documents legals que prevegin aquestes regles, ni tampoc cap ésser humà que les faci complir. Cada participant a la xarxa executa el mateix o compatible programari que defineix quin tipus de transaccions estan permeses. Per tal d'evitar que els participants modifiquin la còpia del codi a emetre, Bitcoin  preveu que cada transacció ha de ser verificada abans d'entrar al llibre de notes. Essent un sistema públic (no es requereixen autoritzacions per a participar) els verificadors (coneguts com a *miners*) són escollits per loteria. Per assegurar la seva integritat el sistema busca a través d'un sistema d'incentius econòmics en un procés governat pel programari. La manca d'existència d'un codi legal no ens ha d'induir a error i concloure que aquestes cadenes només estan regides per matemàtiques i algoritmes: el codi tècnic ha de ser produït i mantingut per humans que defineixin les regles que el codi encarna. Així, per exemple, per tal de modificar qualsevol actualització del programari és necessari que sigui aprovat per la majoria dels miners.

En l'altra cara de la moneda trobem els sistemes tancats, en què els verificadors són designats pel mateix propietari del sistema i es garanteix la seva integritat per mitjans convencionals, com ara un contracte legal. En aquests casos, la gestió és més senzilla pel fet que sol haver-hi un propietari amb autoritat legal i tècnica del programari.

L'Administracio Pública no necessàriament ha d'optar per un dels sistemes únicament, ja que en alguns casos pot funcionar millor una xarxa tancada i en d'altres una que sigui pública. Ara bé, el que cal que realment ens qüestionem és quina ha de ser la intervenció del Govern en la creació i gestió del blockchain. Ha de dotar un marc regulador que permeti el funcionament de diferents cadenes de blocs, establint límits i mecanismes de control amb caràcter genèric; o bé n'ha de ser un actor i, per tant, no solament ha de regular sinó que també hauria de gestionar, dirigir, i monitoritzar la creació de les diferents cadenes de blocs?

El repte que representa blockchain és immens i cal decidir primer qui crearà les xarxes, qui les gestionarà i a partir d'aquí disposar el marc regulador necessari perquè aquesta tecnologia s'expandeixi, oferint un ampli ventall de possibilitats a l'Administració, a les empreses, a les organitzacions i als ciutadans (aquesta anàlisi es proposarà per a un altre número de **Directum**).

Blockchain és una oportunitat per a les administracions públiques ja que els permetrà funcionar de forma més eficient i menys costosa, oferint un millor servei a la ciutadania, tal i com ja succeeix a Estònia i Dubai, entre d'altres. Però Blockchain és sobretot una oportunitat per a nosaltres, ciutad@ns, client@s i usuàri@s **perquè per primera vegada en l'era digital se'ns permetrà ser propietàri@s de les nostres dades**. Actualment això no és així ja que en realitat són les diferents organitzacions (AP, Facebook, Instagram, entitats bancàries, negocis) les que usen les nostres dades, les intercanvien i les venen (malgrat la normativa de protecció de dades).

L'empoderament real, doncs, de blockchain és que nosaltres serem l@s propietàri@s de la nostra base de dades i realitzarem les operacions que desitgem sense estar sotmeses a intermediaris que encareixin el cost i que en retardin l'execució. Blockchain ofereix eficiència, crea confiança i beneficis financers a través de la transparència, la seguretat, la immutabilitat i l'accessibilitat a través de la propietat.

La tecnologia blockchain és disruptiva i canviarà el funcionament dels negocis, de l'Administració Pública i segurament de la societat, i per aquest motiu caldrà analitzar els diferents reptes jurídics que Blockchain planteja al nostre marc vigent, així com considerar les diferents aplicacions i casuístiques en l'Administració Pública tant en el marc del seu funcionament intern com en l'àmbit del seu funcionament i de les seves tasques gestores davant l'administrat. Com hem indicat, som nous en la seva aplicació, i el nostre sistema legal, d'una banda, i de gestions de les AP per l'altre, no s'estan desenvolupant amb la necessària rapidesa per aprofitar les millores que els nous sistemes tecnològics de gestió que s'estan implementant al món ens aporten, i per això en els números següents de la revista **Directum** tractarem més sobre l'aplicació del blockchain. Creiem que és molt important fer un estudi profund i una reflexió acurada de les seves possibilitats per poder aprofitar la vessant positiva del seu desplegament i que aquesta 'millora' no sigui 'virtual' i arribi realment a les persones i es reflecteixi en la seva vida, i sobretot no sigui la millora d'uns quants.

Aranzazu Colom
Advocada de la Generalitat

drets humans

Article 1 de la Declaració Universal dels Drets Humans

La Declaració Universal de Drets Humans (DUDH) revesteix una importància difícil de descriure perquè, certament, sense la seva elaboració i ratificació el món actual seria molt diferent. La seva importància rau en què si bé es va concebre com a una norma *soft law*, la DUDH ha inspirat altres instruments internacionals de protecció dels drets humans, essent els més importants (en comptar amb un 80% de signatures i ratificacions, i això els converteix en suficientment "universals"): el Pacte Internacional de Drets Econòmics, Socials i Culturals; el Pacte Internacional de Drets civils i Polítics; el Conveni sobre l'eliminació de totes les Formes de Discriminació Racial; el Conveni sobre l'Eliminació de tota forma de Discriminació contra la Dona; el Conveni contra la Tortura i altres tractes i penes cruels, inhumanes o degradants; el Conveni sobre els Drets del nen; el Conveni Internacional sobre la Protecció dels drets de tots els treballadors migratoris i de les seves famílies; el Conveni sobre els Drets de les persones amb Discapacitat i Conveni Internacional per a la Protecció de totes les Persones contra les Desaparicions forçoses.

La secció de Drets Humans afronta amb entusiasme la tasca d'oferir un estudi sobre els drets reconeguts a la DUDH, que entenem necessari perquè han d'inspirar totes i cada una de les nostres actuacions com a advocades. No podem defugir que la DUDH sí es troba a la cúspide de la piràmide normativa de Kelsen i que, per tant, hem d'orientar la nostra pràctica jurídica no solament envers el seu respecte sinó per promoure'n la defensa i l'aplicació per part dels poders públics.

Cal iniciar l'estudi amb l'article 1, que declara que tots els éssers humans neixen lliures i iguals en dignitat i drets, i que, dotats tots com estan de raó i consciència, han de comportar-se fraternalment els uns amb els altres. Tal com assenyala Jonathan Mann[1]: *"La revolució actual dels drets humans sorgeix amb vigor del primer article de la Declaració universal de Drets humans. Donada la particular atenció que es va donar a cada paraula i frase en el transcurs de la seva elaboració, la sintaxi que situa la dignitat abans dels drets mereix especial consideració"*.

Situar la dignitat abans que els drets és destacable, i per això la redacció inicial de l'article que referia "tots els homes neixen lliures i iguals" va ser modificada a instància d'Eleanor Roosevelt, presidenta del comitè de Redacció de la DUDH, i de Hansa Mehta, que amb extraordinària lucidesa insistiren a canviar la frase per la de **"tots els éssers humans neixen lliures i iguals"**. Aquesta modificació que tant costava (i encara costa) d'entendre als seus companys es va produir gràcies a la seva tenacitat i insistència, ja que no volien que el masculí universal impregnés el més important i transcendental reconeixement de drets de les persones.

---

[1] Jonathan Mann. *Health andHumanRights.* Vol. 3, No. 2, FiftiethAnniversary of the Universal Declaration of HumanRights (1998), pp. 30-38.

Quatre membres de la Comissió de Drets Humans de les Nacions Unides: Charles Malik, René Cassin, Hansa Mehta i Eleanor Roosevelt. © Foto ONU

El dret a la igualtat i la no discriminació es troba reconegut en la totalitat d'instruments de drets humans internacionals (l'article 2 UDHR, els articles 2 i 26 PIDCP, l'article 2 apartat 2 PIDESC, article 2 CRC, article 7 CMW i article 5 CRPD), i també regionals (com ara l'article 2 de la Declaració Americana, l'article 24 del Conveni i els articles 2 i 3 de l'ACHPR), i, a més, dos dels principals tractats de drets humans de les Nacions Unides responen explícitament a la prohibició de la discriminació, el CERD en matèria de raça i la CEDAW per motius de gènere.

Endinsant-nos en l'article 1, podem determinar que la igualtat consisteix a garantir que cada individu tingui les mateixes oportunitats de treure el màxim profit de la seva vida i talent. El Conveni sobre la discriminació de 1958 (núm. 111) de la Organització Internacional del Treball (OIT) refereix en el seu primer article una útil definició del què és discriminació i per tant allò contrari a la igualtat, assenyalant que: *"Qualsevol distinció, exclusió o preferència feta a partir de raça, color, sexe, religió, opinió política, extracció nacional o origen social, que té l'efecte d'anul·lar o deteriorar la igualtat d'oportunitats o tractaments en l'ocupació "*.

El principi d'igualtat i no discriminació garanteix que els subjectes en igualtat de circumstàncies es tractin de la mateixa manera en dret i pràctica. Tanmateix, és important subratllar que no totes les diferències o diferències de tracte seran discriminacions. Els diferents instruments de protecció de drets humans prohibeixen la discriminació per diversos motius. Així, l'article 2 UDHR prohibeix la discriminació pels següents 10 motius: raça, color, sexe, llengua, religió, opinió política o d'altra índole, origen nacional o social, propietat, naixement i un altre estat[2]. Aquests mateixos motius prohibits s'inclouen en l'article 2 PIDESC i article 2 PIDCPI. És important assenyalar que els motius enumerats en aquestes disposicions són merament il·lustratius i no exhaustius.

L'article 2 PIDESC / ICCPR conté una clàusula general de no discriminació que prohibeix la discriminació en el gaudi dels drets dels dos Pactes. A més, l'article 3 de cada instrument subratlla el principi d'igualtat entre homes i dones. Aquestes clàusules generals de no discriminació de cada Pacte es complementen amb disposicions que prohibeixen la discriminació per motius específics. Per exemple, l'article 7 a) i) del PIDESC garanteix iguals condicions de treball entre homes i dones i requereix una remuneració igual per un treball

---

[2] El terme "altre estat" té un significat obert; alguns motius no esmentats explícitament, com l'edat, el sexe, la discapacitat, la nacionalitat i l'orientació sexual també es poden considerar motius prohibits.

d'igual valor; l'article 7 (c) del PIDESC garanteix la igualtat d'oportunitats per a la promoció de tothom en el seu lloc de treball.

Els òrgans de supervisió dels drets humans internacionals han determinat, però, que no tota discriminació constitueix una violació del dret a la igualtat. Així, entre d'altres, cal citar el comentari general 18, paràgraf 13 de Jacobs contra Bèlgica, del Comitè de Drets Humans; i la sentència del Tribunal Europeu de Drets Humans en el cas de Marckx contra Bèlgica, l'opinió consultiva núm. 4, paràgraf 57 de la Cort Interamericana.

Així que només es considera en dret internacional que s'ha violat el dret a la igualtat i a la no discriminació si: a) els casos homogenis es tracten d'una manera diferent; b) la diferència de tractament no té una justificació objectiva i raonable; c) si no hi ha una proporcionalitat entre l'objectiu buscat i els mitjans emprats.

La no discriminació i la igualtat davant la llei constitueixen, doncs, principis fonamentals del dret internacional i dels drets humans. La noció d'igualtat es configura com inseparable de la de la dignitat humana essencial per a cadascuna de les persones.

El respecte dels drets humans i els principis d'igualtat i no discriminació són interdependents i fonamenten la Declaració Universal de Drets Humans i els principals tractats internacionals de drets humans perquè la igualtat i la prohibició de discriminació no solament són drets reconeguts en diferents instruments internacionals i regionals, sinó que es configura com un dret i com un principi TRANSVERSAL.

Veiem a continuació com ha estat implementat el dret a la igualtat en la Constitució espanyola.

El dret a la igualtat en la CE

En la Constitució, explícitament o implícita, hi ha diferents i no sempre clares referències a la igualtat. No obstant això, poden descobrir en ella dos grans pilars, a més de la inaugural referència de l'article 1.1 a la igualtat com a un dels quatre valors superiors de l'ordenament jurídic espanyol.

En primer lloc, el principi d'igualtat reconegut a l'article 14 com a frontispici de tot el capítol II, dedicat a drets i llibertats. i que estableix que: *"els espanyols són iguals davant la llei, sense que pugui prevaldre cap discriminació per raó de naixença, raça, sexe, religió, opinió o qualsevol altra condició o circumstància personal o social"*. La naturalesa jurídica del principi d'igualtat així consagrat és, per a la majoria de la doctrina, la d'un dret fonamental, i en recolzament d'aquesta tesi s'al·lega que la seva violació permet l'accés al recurs d'empara, tal com disposa l'article 53.2 CE.

En aquest sentit, la STC de 14 de juliol de 1982 va declarar que *"l'article 14 CE estableix un dret subjectiu a obtenir un tracte igual"*, la qual cosa va ser confirmada per la STC de 16 de maig de

1984, on es configura el principi d'igualtat com *"un dret fonamental de la persona a no patir cap discriminació jurídica, és a dir, a no ser tractada jurídicament de manera diferent de qui es troba en una mateixa situació, sense que existeixi una justificació objectiva i raonable a aquesta desigualtat de tracte"*.

Aquest article 14 de la Constitució de 1978 no té més antecedent en el constitucionalisme espanyol que el que ofereixen els articles 2 i 25 de la Constitució de 1931, malgrat que ja havia estat, però, un precepte molt freqüent en l'àmbit del Dret Constitucional Comparat, tant històric com actual. Els referents més clars són la Constitució francesa de 1958 (article 2.1), la Constitució italiana de 1947 (article 3), i la Constitució alemanya de 1949 (article 3). Es tracta, a més, d'un article que no va plantejar problemes o controvèrsies greus o importants durant el procés constituent. El text aprovat per les Corts és, per això, molt semblant al de l'Avantprojecte de Constitució.

Ara bé, tot i que és, sens dubte, sobre aquest precepte (14 CE) sobre el qual s'ha desenvolupat el gruix de la jurisprudència del Tribunal Constitucional a propòsit de la igualtat, hi ha un segon pilar de gran importància qualitativa que no pot deixar de ser relacionat, tot i de manera complexa, amb el que s'acaba d'esmentar: l'article 9.2 *«Correspon als poders públics promoure les condicions perquè la llibertat i la igualtat de l'individu i dels grups en què s'integra siguin reals i efectives; remoure els obstacles que impedeixin o dificultin la seva plenitud i facilitar la participació de tots els ciutadans en la vida política, econòmica, cultural i social»*.

Tenint present aquesta doble formulació de la igualtat en la nostra Constitució, la jurisprudència del Tribunal Constitucional es pot analitzar a partir de la gran divisió entre el principi d'igualtat davant la llei de l'article 14 i l'ideal de la igualtat substancial a què al·ludeix l'article 9.2.

La igualtat davant la llei, que es desenvoluparà més endavant, és aquella que es realitza predominantment en el pla del Dret, i dels drets i deures jurídics, mentre la igualtat substancial, de caràcter ideal i més difícil de realitzar, proposa models de major igualtat en el pla social, econòmic i cultural. Ara bé, no hi ha una total desconnexió entre ambdues referències a la igualtat ja que, per exemple, quan la igualtat de drets bàsics és efectiva constitueix una innegable forma d'igualtat substancial (per exemple, en el cas de les prestacions sanitàries, etc.), però tampoc hi ha sempre i necessàriament identitat entre ambdues.

El legislador s'ha preocupat, d'altra banda, de connectar l'article 14 de la Constitució, que consagra una igualtat merament formal impedint diferències de tracte que no tinguin justificació objectiva i raonable, amb l'article 9.2 del mateix text, que imposa als poders públics la tasca de promoure la igualtat real i efectiva. La manifestació d'això s'ha fet palès en la legislació al llarg de la història postconstitucional, per exemple en la ja derogada Llei 13/1982, de 7 d'abril, d'integració social dels minusvàlids; en la pionera, en el seu moment, Llei 3/1989, de 3 de març, que amplia a setze setmanes el permís per maternitat i estableix mesures per afavorir la igualtat de tracte de la dona en el treball; en la Llei 3/1990, de 21 de juny, que modifica l'article 16 de la Llei 49/1960, de 21 de juliol, de Propietat horitzontal, en relació amb l'adopció d'acords que tinguin per finalitat facilitar l'accés i la mobilitat dels minusvàlids en l'edifici; en la Llei 39/1999, de 5 de novembre, de conciliació de la vida familiar i laboral de les persones treballadores, o en la Llei 41/2003, de 18 de novembre, de Protecció patrimonial de les persones amb discapacitat i de modificació del Codi Civil, de la Llei d'Enjudiciament Civil i de la Normativa Tributària amb aquesta finalitat.

És també important destacar que el dret a la igualtat en gran part ha estat definit i delimitat per la jurisprudència del Tribunal Constitucional, especialment rellevant i prolífera en els anys 80, com en la STC 8/1981, de 30 de març; STC 19/1981, de 6 d'abril, o la STC 22/1981, de 2 de juliol. Les qüestions més rellevants que ha marcat el contingut d'aquesta jurisprudència és que el Tribunal Constitucional ha definit el principi d'igualtat:

i) com la prohibició de tota diferència de tracte que no tingui una justificació objectiva i raonable;
ii) afirmant el caràcter vinculant d'aquest principi tant per al legislador (igualtat en la llei), com per als òrgans aplicadors del Dret (igualtat en l'aplicació de la llei) i els particulars (igualtat horitzontal);
i iii) ha matisat la vinculació dels particulars al principi d'igualtat a l'assenyalar que la seva llibertat d'actuació només està limitada constitucionalment de manera directa per la prohibició de discriminar per les causes expressament esmentades en l'article 14, en considerar-se d'ordre públic, mentre que a la resta ha d'estar-se al que estableixin les lleis i els jutges, que en tot cas hauran de ponderar aquest transcendent principi amb el d'autonomia de la voluntat implícit en la Constitució.

Així mateix, el Tribunal ha establert els criteris o elements que permeten distingir entre una diferència de tracte justificada i una altra discriminatòria i, per tant, constitucionalment inadmissible (desigualtat dels supòsits de fet; finalitat constitucionalment legítima; congruència entre el tracte desigual, el supòsit de fet que ho justifica i la finalitat que es persegueix; i proporcionalitat entre els elements anteriors). També ha atribuït a les condicions enunciades a l'article 14 (naixement, raça, sexe, religió i opinió) el tractament de *"categories sospitoses de discriminació"*, de tal manera que tot tracte desigual basat en alguna d'aquestes circumstàncies ha de ser sotmès a un escrutini especialment rigorós, necessitant un plus de fonamentació de la seva objectivitat i raonabilitat per passar el test de constitucionalitat.

El Tribunal també ha defensat la necessitat de fer una interpretació dinàmica i oberta de la igualtat formal de l'article 14 per tal de fer-la compatible amb la igualtat real i efectiva de què parla l'article 9.2 de la Constitució; això l'ha portat, entre altres coses, a admetre la validesa constitucional de les mesures d'acció positiva i de discriminació inversa en relació amb grups socials desfavorits (dona, discapacitats, etc.), i, finalment, ha admès, amb certes cauteles, la compatibilitat de les lleis singulars o de cas únic amb el principi de igualtat.

Com ja s'ha avançat, la igualtat davant la llei, tot i que té antics antecedents en la idea grega d'isonomia, és sobretot resultat i part essencial de la ideologia lliberal desenvolupada per la Il·lustració i consagrada per primer cop en les declaracions de drets de la Revolució Francesa com a obligació tant per al legislador com per als òrgans encarregats d'aplicar les lleis; això és, en les dues vessants més generals en què se sol distingir l'abast del principi de igualtat davant la llei: la igualtat en la llei i la igualtat en l'aplicació de la llei. En el primer aspecte, l'article 6 de la

Déclaration de 1789 no deixa dubtes sobre la seva pretensió de vincular al legislador: *"La llei [...] ha de ser la mateixa per a tots, tant si protegeix com si castiga. Tots els ciutadans, en ser iguals davant ella, són igualment admissibles a totes les dignitats, llocs i ocupacions públiques, segons la seva capacitat i sense cap més distinció que la de les seves virtuts i els seus talents"*.

I, d'altra banda, en el segon aspecte, el de la igualtat en l'aplicació de la llei, tot i limitada a un àmbit específic, l'article 7 afegeix: *"Cap home pot ser acusat, detingut ni empresonat sinó en els casos determinats per la llei i segons les formes prescrites en ella. Els que sol·liciten, faciliten, executen o fan executar ordres arbitràries han de ser castigats"*.

Es pot defensar que -com ha entès part de la doctrina jurídica espanyola i, segons veurem en detall, ha recollit una important línia de la jurisprudència constitucional- l'article 14 de la Constitució estableix dos preceptes diferents en cada un dels seus dos incisos.

Així, davant d'una interpretació inicial, indiferenciada i formalista de l'article 14, d'una primera etapa, per a la qual qualsevol desigualtat no raonable és discriminació i és sense més irraonable, en la segona etapa s'obre pas una interpretació diferenciadora que, d'una banda, estableix un major rigor en l'examen de constitucionalitat per a les discriminacions per trets com el naixement, la raça, el sexe i altres semblants en gravetat i, d'altra banda, s'exclou una lectura inexorable i forçosament bidireccional de la prohibició de discriminacions específiques.

La doctrina reiterada del Tribunal Constitucional respecte al dret contingut en l'article 14 CE el defineix com «un dret subjectiu dels ciutadans a obtenir un tracte igual, que obliga i limita als poders públics a respectar-lo i que exigeix que els supòsits de fet iguals siguin tractats idènticament en les seves conseqüències jurídiques, de manera que, per a introduir diferències entre ells, hagi d'existir una suficient justificació de tal diferència, que aparegui al mateix temps com fonamentada i raonable, d'acord amb criteris i judicis de valor generalment acceptats, i les conseqüències no resultin, en tot cas, desproporcionades» (STC 36/2011, de 28 de març, FJ 2).

Tal enunciat de l'article 14 CE no s'esgota, però, en aquesta clàusula general d'igualtat amb la qual s'inicia el seu contingut, sinó que, a continuació, el precepte constitucional es refereix a la prohibició d'una sèrie de motius concrets de discriminació expressament continguts en aquest, que finalitzen en una última fórmula general, la de «*Qualsevol altra condició o circumstància personal o social*», respecte dels quals aquest Tribunal, a banda de destacar que no implica l'establiment d'una llista tancada de supòsits que la provoquin, sí que ha tingut especial cura a proclamar la il·legitimitat constitucional dels tractaments diferenciats respecte dels «concrets motius o raons de discriminació que aquest precepte prohibeix, en tractar de característiques expressament excloses com a causes de discriminació per l'art. 14 CE (STC 39/2002, de 14 de febrer, FJ 4, i les que s'hi citen)»(STC 36/2011, de 28 de març, FJ 2).

Ara bé, també ha assenyalat el Tribunal Constitucional amb reiteració que «*El que prohibeix dret a la igualtat són, en suma, les desigualtats que resultin artificioses o injustificades per no venir fonamentades en criteris objectius i raonables, segons criteris o judicis de valor generalment acceptats. També cal, perquè sigui constitucionalment lícita la diferència de tracte, que les conseqüències jurídiques que es derivin de tal distinció siguin proporcionades a la finalitat perseguida, de manera que s'evitin resultats excessivament onerosos o desmesurats. (.)En resum, el dret a la igualtat, no només exigeix que la diferència de tracte resulti objectivament justificada, sinó també que superi un judici de proporcionalitat en seu constitucional sobre la relació existent entre la mesura adoptada, el resultat produït i la finalitat pretesa»* (STC 27/2004, de 4 de març, FJ 2, i les que allí es citen).

Com es veurà a continuació, en la jurisprudència constitucional espanyola l'aplicació dels criteris de raonabilitat i proporcionalitat remet a un dret comú europeu: el tribunal ha incorporat i fet seva la jurisprudència dels tribunals supranacionals europeus i en relació amb el principi de proporcionalitat ha adoptat com a propi l'anomenat "test alemany". La discussió doctrinal a propòsit d'aquests principis -no extremadament abundant, per dir-ho tot- també està molt influïda pel debat europeu i posa en relleu els riscos que comporta l'ús per part del Tribunal de cànons de control que el conviden a situar-se en la posició d'un legislador, jutge o una administració "ideal". En l'evolució i desenvolupament d'aquests principis, per tant, és perceptible la influència que ha exercit l'entorn.

El fonament constitucional que el Tribunal va invocar per justificar la subjecció de normes i actuacions a requisits de raonabilitat i proporcionalitat va ser normalment el de la clàusula de l'Estat de Dret (article 1.1 CE), la justícia com a valor superior (article 1.1 CE) o el principi d'interdicció de l'arbitrarietat (article 9.3 CE), tot i que també hi va haver vinculacions més remotes, com la que la STC 160/1987 va establir amb la dignitat de la persona (article 10.1 CE). No va deixar d'advertir, així mateix, que l'article 10.2 CE recolzava la incorporació a la jurisprudència constitucional de l'anàlisi de les limitacions a els drets en termes de raonabilitat i proporcionalitat que venia realitzant el Tribunal de Estrasburg.

Diferències objectives i raonables

Com ja s'ha dit en l'apartat anterior, acollint la doctrina del Tribunal d'Estrasburg, el Tribunal ha afirmat que aquest dret a la igualtat no impedeix al legislador introduir tractaments legals diferenciats, sempre que la diferència tingui una "justificació objectiva i raonable". Per examinar la raonabilitat, el Tribunal prendrà en compte el fi pretès per la llei i l'adequació/idoneïtat de la mesura adoptada per aconseguir-ho:

".... El Tribunal Europeu de Drets Humans ha assenyalat, en relació amb l'art. 14 del Conveni per a la Protecció dels Drets Humans i de les Llibertats Fonamentals, que tota desigualtat no constitueix necessàriament una discriminació. L'art. 14 del Conveni Europeu -declara l'esmentat Tribunal en diverses de les seves sentències- no prohibeix tota diferència de tracte en l'exercici dels drets i llibertats: la igualtat és només violada si la desigualtat està desproveïda d'una justificació objectiva i raonable, i l'existència d'aquesta justificació s'ha d'apreciar en relació amb la finalitat i efecte de la mesura considerada, i s'ha de donar una relació raonable de proporcionalitat entre els mitjans emprats i la finalitat perseguida" (STC 22/1981, FJ 3).

Una sentència que exemplifica la discussió d'aquesta vessant del dret a la igualtat és la STS de 27 de maig de 2015 (STS 2628/2015) en la qual es resolia una demanda per conflicte col·lectiu contra una determinada empresa per considerar contrària a dret la pràctica empresarial de considerar les sis setmanes de descans obligatori per maternitat com "absències" o "permisos retribuïts"nals efectes del cobrament de bonificacions o remuneracions variables del Pla de Bonificacions que tenia establert i, conseqüentment, reclamaven el dret de les treballadores de l'empresa demandada que per raó de naixement de fill, estaven en situació de descans obligatori les sis setmanes immediatament posteriors al part, a què aquest període no els fos computat com permisos autoritzats o absències, als efectes del cobrament d'aquestes bonificacions o remuneracions variables. Conseqüentment també reclamaven el dret d'aquestes treballadores a què els fossin abonades, en el seu cas, les diferències retributives que en perjudici d'aquestes hagués pogut ocasionar la decisió de computar com absències o permisos retribuïts el període esmentat.

En aquesta interessant sentència el Tribunal Suprem recull el pronunciament contingut en una sentència anterior de 23 de novembre de 2011 en situació anàloga, i estableix que:*"L'art. 14 de la Constitució proscriu la discriminació per raó de sexe, i la LO 3/2007, per a la igualtat efectiva de ones i Homes consagra en el seu art. 3 el principi d'igualtat entre homes i dones, que defineix com Absència de tota discriminació, directa o indirecta, per raó de sexe, i, especialment, les derivades de la maternitat, l'assumpció d'obligacions familiars i l'estat civil"*. L'article 6 d'aquesta mateixa norma precisa l'abast dels termes discriminació directa i discriminació indirecta, i l'article 8 qualifica sense embuts com Discriminació directa per raó de sexe tot tracte desfavorable a les dones relacionat amb l'embaràs i la maternitat. És sabut que en aquest punt la Llei Orgànica d'Igualtat està inspirada, sobretot, en el Dret de la Unió Europea i la seva interpretació pel Tribunal de Justícia de les Comunitats Europees (actualment denominat Tribunal de Justícia de la Unió Europea). Així, l'article 2.1.7. de la Directiva 2002/73 / CE estableix que un tracte menys favorable dispensat a una dona a raó de el seu embaràs o el seu permís de maternitat constitueix discriminació, i l'article 4.1.a) de la Directiva 2004/113 /CE disposa que la discriminació per embaràs o maternitat constitueixen supòsits de discriminació directa per raó de sexe. Ja des d'abans la Jurisprudència del Tribunal de Luxemburg havia vingut afirmant que el tracte desfavorable a una dona relacionat amb l'embaràs o la maternitat constituïa discriminació directa per raó de sexe [STJCE 13-2-96 (Assumpte C-342/93)].

La igualtat en l'aplicació de la llei

La igualtat en l'aplicació de la llei, tot i que es dirigeix no al creador de les normes respecte del seu contingut abstracte sinó al seu aplicador i es refereix al seu compliment en un cas concret, no és en la seva arrel un principi diferent ni autònom de la igualtat davant la llei. De fet la principal coincidència amb la igualtat en la llei està en la mateixa exigència: que no s'estableixin desigualtats injustificades en els criteris utilitzats pel legislador o pel jutge per atribuir drets i deures bé genèricament o bé en la seva aplicació individualitzada.

Naturalment, si l'aplicació de la llei fos una operació mecànica, que sempre donés un resultat unívoc com a concreció segura i necessària del que estableixen les normes generals, la igualtat en l'aplicació de la llei coincidiria sense més amb el principi de legalitat, fins al punt que, en aquest cas, la idea d'«igual aplicació» seria redundant, ja que aplicar la llei no seria més que subsumir els iguals casos específics sota un criteri general uniformador o igualador. Entre les diverses raons per les quals aquest model comporta una inadmissible distorsió de la realitat jurídica trobem, entre d'altres, els notoris i escandalosos casos de decisions judicials absolutament discrepants en matèries com la punició de la insubmissió o la validesa probatòria de filmacions *per ses* en llocs públics.

El Tribunal Constitucional, creant *ex constitutione* una doctrina anteriorment inèdita i sense parangó a la resta dels països del continent europeu, ha considerat que la igualtat en l'aplicació de la llei és una de les dues vessants de l'article 14 i, d'acord amb això, ha atorgat empara en diverses ocasions a particulars que reclamaven davant de decisions judicials o resolucions administratives en què aquest dret s'havia incomplert per apartar-se de decisions precedents en casos similars.

Tot i això, però, el Tribunal ha estat molt acurat en el disseny de l'abast del principi d'igual aplicació de la llei, el qual no només ha delimitat molt estrictament sinó que, més enllà d'una raonable delimitació, s'ha restringit fins a trencar la coherència del nostre sistema jurídic i de la pròpia doctrina constitucional.

I com a reflexió final, recullo en aquest punt i a part una expressió de Voltaire que el 1765 preguntava *què és una idea?*, i ell mateix responia *"És una imatge que es pinta al meu cervell"*. Doncs bé, la Declaració Universal dels Drets Humans **no és una idea** perquè manca d'imatges individualistes. Són valors i principis ben reals per als col·lectius que ens poden ajudar a decidir com hem de viure la vida. Necessiten ser protegits i fonamentats. En el món d'avui dia potser l'única forma de resoldre les guerres, la pobresa i l'opressió sigui respectar els drets humans. I, entre tots aquests, avui hem analitzat el dret a la igualtat, que per la seva gran importància obre la Declaració i també, com hem vist, obre el capítol II de la Constitució espanyola, dedicat a drets i llibertats, la qual cosa reflecteix aquesta gran importància com a dret, valor i principi, inspirador de tot l'ordenament jurídic.

Apunts bibliogràfics
- *LA INVENCIÓN DE LOS DERECHOS HUMANOS,* LYNN HUNT. TUSQUETS EDITORES. 2009.
- *LOS DERECHOS HUMANOS EN EL MUNDO CONTEMPORÁNEO,* ANTONIO CASSESSE. ARIEL, S.A. 1993.
- *DERECHOS HUMANOS: ¿QUIÉN DECIDE?,* ANN KRAMER. EDITORIAL MORATA. 2010.
- *PASADO Y PRESENTE DE LOS DERECHOS HUMANOS. MIRANDO AL FUTURO,* MARIA DE LA PAZ PANDO BALLESTEROS, ALICIA MUÑOZ RAMÍREZ, PEDRO GARRIDO RODRIGUEZ. LOS LIBROS DE LA CATARATA. 2016.
- *LA IGUALDAD EN LA JURISPRUDENCIA DEL TRIBUNAL CONSTITUCIONAL,* ALFONSO RUIZ MIGUEL. Doxa. Cuadernos de Filosofía del Derecho. Núm. 19, 1996 (de consulta en internet).

Elisabet Fernández
Advocada de la Generalitat

Les nostres publicacions

Aquest volum de **Dret constitucional i dret estatutari** es troba disponible en versió paper a amazon.es o bé en versió Kindle. En el cas de comprar la versió Kindle podeu dirigir-vos a forumgcat@gmail.com per tal que us facilitem també la versió pdf.

Les autores d'aquest llibre són: Berta Bernad, Anna Maria Burgués, Gemma Capdevila, Maria Brugués Mitjans, Carles Serrano, Anna Tayadella, Rosa Maria Díaz Petit, Albert Gómez Herrero.

Aquest volum de **Dret Internacional i Dret de la UE** es troba disponible en versió paper a amazon.es o bé en versió Kindle també a amazon.es. En el cas de comprar la versió Kindle aquells interessats podeu dirigir-vos a forumgcat@gmail.com per tal que us facilitem també la versió pdf.

Les autores d'aquest llibre són: Anna Maria Burgués, Berta Bernad, Queralt Camps, Aranzazu Colom i Carles Serrano.

Properament...

Aquest volum ha estat elaborat per membres del Cos d'advocacia de la Generalitat així com membres de la Intervenció de la Generalitat de Catalunya i Secretaris Interventors de l'Administració local amb habilitació de caràcter nacional.

Les autores: Mateo Habibi Astigarraga López, Berta Bernad Sorjús, Anna Maria Burgués Pascual, Elisabeth Fernández Martínez, Esther González Aznar, Laura Malagrida Serdà, Joaquim Martí Ribera, Maria Brugués Mitjans Prunera, Rubèn Ramírez Fernàndez, Joan Miquel Roig Mestre, Carles Serrano i Núñez i Anna Valls Domingo.

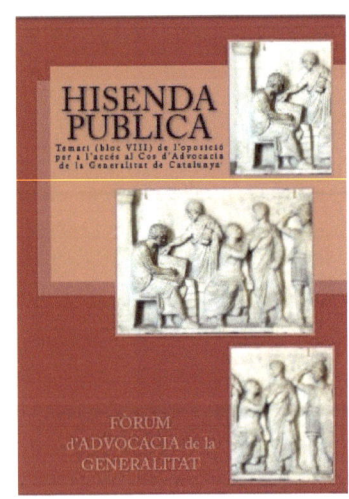

www.ingramcontent.com/pod-product-compliance
Lightning Source LLC
Chambersburg PA
CBHW042322250526
R18347200002B/R183472PG45473CBX00006B/3